Emmanuelle Grandchamp

Michel à tout jamais

Remerciements.

Ce livre est dédié à Michel, qui a partagé ma vie pendant trois ans (2021 à 2023).

Je remercie également nos amis qui m'ont beaucoup aidée et qui ont participé d'une manière ou d'une autre à cette belle écriture.

Merci à Christine, Emmanuelle C., Séverine, Daphné, Sonia, Éric, Gilles, Gérard et bien sûr à Lionel.

Et bien sûr, merci à toi, Michel, de m'avoir aidée à écrire et d'avoir apporté un grand nombre de précisions sur ta… nouvelle vie…

TABLE IMMATÉRIELLE

INTRODUCTION 9

CHAPITRE 1 - MICHEL JUSQU'À SON DÉPART 11

CHAPITRE 2 - LES PREMIERS CONTACTS 13

CHAPITRE 3 - 1 MOIS 59

CHAPITRE 4 - 2 MOIS 69

CHAPITRE 5 - 3 MOIS 85

CHAPITRE 6 - 4 MOIS 113

CHAPITRE 7 - 5 MOIS 137

CHAPITRE 8 - 6 MOIS 157

CHAPITRE 9 – LA VIE CONTINUE 171

CHAPITRE 10 – QUESTIONS DIVERSES 175

ÉPILOGUE 201

INTRODUCTION

Fin 2020, ma vie personnelle bascule, je quitte une vie confortable, agréable et heureuse avec Lionel, pour aller dans une vie différente, mais encore plus heureuse, avec Michel.

Trois ans après, le 23 décembre 2023, le cœur de Michel s'arrête.

La douleur et l'incompréhension laissent vite la place à la communication avec Michel qui est bien là !

Le 4 janvier 2024, je démarre donc la création de ce livre, guidée par Michel. Il me fera utiliser ses mots, ses phrases, sa manière de s'exprimer. Au fur et à mesure, sa manière de s'exprimer, ses mots et ses phrases deviendront plus élaborés, j'ai souhaité reproduire mot pour mot ce qu'il m'a dit, même si les premières « écritures » se composent de phrases extrêmement brèves.

Ce livre est un mélange d'écritures médiumniques (ou écritures intuitives/automatiques) faites avec Michel, de canalisations directes avec lui et de canalisations de Christine et Gérard.

Depuis quelques années, j'ai des capacités pour communiquer avec les Guides des personnes qui viennent me consulter. Je travaille par écriture médiumnique. J'ai bien sûr écrit des messages qui étaient dédiés à Michel et il a souvent eu besoin des conseils fournis par ses Guides. Il est clair que nous n'avons jamais eu l'information qu'il allait partir aussi vite, aussi soudainement. On m'a toujours orientée vers une année 2024 lumineuse et très belle pour lui. Je comprends mieux cette information à l'heure d'aujourd'hui.

Au travers de ce livre, j'essaierai d'aider à ma manière les personnes ayant subi un deuil, afin de les aider à avancer, à se libérer de cette tristesse et de cette douleur si pesantes. Car les défunts sont bien là, avec nous et leur souhait est que nous soyons heureux et que notre vie continue.

Tout au long de ce livre, j'utiliserai le mot départ et non pas le mot décès. D'ailleurs le terme décéder vient du latin « *decedere* », qui signifie s'éloigner, partir, quitter.

CHAPITRE 1 - MICHEL JUSQU'À SON DÉPART

Michel a partagé ma vie pendant trois ans. Il m'a beaucoup aidée, il a beaucoup fait pour moi. Pendant ces trois ans, nous avons été portés par l'Amour. Mais aussi par la Vierge Marie qui nous a apporté beaucoup et à qui nous avons voué une dévotion sans faille. Elle a toujours été là. Elle nous a toujours aidés. (Je tiens à préciser que nous n'avons pas d'orientation religieuse, même si nous sommes baptisés et pour ma part, mariée précédemment à l'église. La « Vierge Marie » et « Jésus » représentent pour nous des énergies, féminine et masculine, très puissantes et reliées à l'Amour et à l'Infini. Cependant je les nommerai ainsi dans le livre).

Avec Michel, j'ai beaucoup évolué d'un point de vue spirituel. Quand nous avons commencé notre relation, il était ouvert à tout ce qui était spirituel et énergétique, mais il souhaitait continuer à se former. Nous nous sommes formés ensemble à différentes techniques énergétiques. Nous avons beaucoup appris auprès de nombreux amis. Et nous avons commencé à aller souvent à Kerizinen qui est un lieu d'apparition de Marie en Bretagne. Nous avons beaucoup aimé nous y recueillir.

    Michel avait une santé extrêmement fragile depuis fort longtemps. Début 2022, il a été plongé dans un coma artificiel, à la suite d'une déficience respiratoire. Une nuit, on m'a avertie qu'il allait partir. Mais pour une raison supérieure, il est revenu. Il me dira plus tard (lors d'une écriture avec lui), que pendant cette nuit, il avait goûté à l'espace infini et à l'Amour présent là-haut.

    La santé de Michel s'est dégradée encore plus en novembre et en décembre 2023. Le 21 décembre au soir, il a été conduit aux urgences et placé sous assistance respiratoire. Son cœur s'est arrêté le 23 décembre 2023 à 01h10. Outre le fait que c'était très soudain, ma douleur a été immense. Quand il était parti avec le SMUR, j'avais pensé qu'il reviendrait à la maison quelques jours après. Lors de ma visite en réanimation le 22 décembre, les médecins ne m'ont laissé aucun espoir…

CHAPITRE 2 - LES PREMIERS CONTACTS

Dès le lendemain de son départ, des signes sont apparus : des visions extrêmement floues, mais des visions de lui faisant toujours des sourires, essayant de m'amuser, essayant de me sortir de ma tristesse. Michel était quelqu'un de très enjoué, de très facétieux. C'est ce qu'il m'a montré dès son départ.

Le 24 décembre, Michel m'explique comment il est parti là-haut, il indique que cela a été extrêmement rapide pour monter, il me dit qu'il est avec Marie. Dans une lumière magnifique, en quelques secondes, la Vierge Marie l'a accueilli, ainsi que son père et également ma grand-mère.

Il me dit que les mondes sont collés, superposés. Il est très élevé dans la lumière. En fait, il passe à travers un genre de sas qui s'ouvre et qui se referme, ce qui lui permet d'être là tout de suite. D'être tout le temps avec moi. Donc quand je vais mal, Michel est là. Michel essaie de me faire rire. Michel m'envoie plein d'images de lui. Il me montre quelqu'un qui sautille énormément, qui est très joyeux, très gai. Il me dit qu'il va être tout le temps là. Qu'il est devenu mon Ange gardien, mais également mon Guide. Il me dit que ma mission va être d'aider les gens qui ont subi un deuil, que je dois écrire ce livre pour leur apporter du bien-être, pour leur expliquer ce qui se passe, que c'est juste une suite. Mais que les perceptions de nous, humains sur Terre, ne sont pas forcément assez pointues. En fait, cela dépend de chacun et tout le monde ne peut pas percevoir le défunt qui lui est cher.

Les jours suivants, je constate beaucoup de manifestations, notamment sur mon téléphone.

<u>Cérémonie pour Michel, 27 décembre 2023.</u>

Le 27 décembre 2023, lors de la cérémonie religieuse en hommage à Michel, la sono émet quelques sons très différents. L'organisateur de la cérémonie a du mal à régler le son. Je pense que Michel s'amuse beaucoup à ce moment-là avec tout ce qui est sonore. Pendant la cérémonie, je lis un texte qu'il a écrit avec moi. Il me l'a fait écrire. Je vais y expliquer comment nous sommes connectés, comment nous pouvons communiquer. Et je dis à toute l'assemblée qu'il est là, qu'il est à mes côtés, qu'il est bien présent. Et que c'est juste un passage entre deux mondes.

Lecture du texte pour Michel lors de la cérémonie du 27 décembre 2023.

« Voici ce petit texte pour Michel. Texte que j'ai souhaité souriant et porteur d'espoir, à son image et selon son souhait. Il a porté ma main pour l'écrire. Il souhaite voir des sourires se former sur vos visages au fil de cette lecture. Ces trois années passées ensemble nous ont beaucoup appris, permis d'évoluer et de partager des moments très riches, très forts d'Amour, de bonheur absolu et de sérénité. Nous avons choisi, du fait de la santé compliquée de Michel, de vivre dans notre bulle, bulle que nous déplacions au fil du temps vers la mer, la montagne et tous les lieux que nous aimions. Bien entendu, Michel a toujours pensé à sa famille, à ses amis, aux moments partagés avec eux, même si à certains moments, sa santé a pu poser quelques distances, les bons souvenirs de ses amis restaient présents. Nos passages dans les sanctuaires de Kerizinen, Lourdes, Paray-le-Monial et Pellevoisin ont été des moments partagés, riches d'émotions et très forts et nous ont entraînés vers une dimension spirituelle qui nous permet, au moment où je lis ce texte avec Michel, de nous parler et de communiquer facilement.

Michel est et restera souriant, drôle et positif. Vous l'avez souvent entendu dire cette phrase « Je me focalise sur le positif et de toute façon, il y a pire que moi ». Il vous demande désormais de penser à lui en souriant. Et que chacun d'entre vous se remémore un instant drôle passé avec lui et garde toujours ce moment associé à son image. Il souhaite le meilleur pour vous tous, famille et amis, à qui il viendra faire des coucous nombreux, fréquents et évidemment facétieux.

Michel allait être papi par alliance puisque ma fille et son compagnon attendent un enfant pour les jours prochains. Son âme a croisé celle du petit. Ils ont pu échanger et entre guillemets, se passer le témoin. Michel saura lui apporter beaucoup, le faire évoluer et continuera par sa joie et sa bonne humeur, à transformer les moments difficiles en moments heureux.

Nous vous remercions d'être si nombreux présents aujourd'hui. Michel continue à vivre et à être présent avec nous, c'est juste qu'il n'est pas palpable, mais il est bien là. Fermez les yeux un court instant, visualisez-le dans un moment drôle avec vous, fixez l'instant et ouvrez doucement les yeux. C'est ainsi qu'il sera là. Merci. »

Poème lu par Emmanuelle C. lors de la cérémonie

« Quand je ne serai plus là, lâchez-moi !
Laissez-moi partir
Car j'ai tellement de choses à faire et à voir !
Ne pleurez pas en pensant à moi !
Soyez reconnaissants pour les belles années
Pendant lesquelles je vous ai donné mon Amour !
Vous ne pouvez que deviner
Le bonheur que vous m'avez apporté !
Je vous remercie pour l'Amour que chacun m'a démontré !

Maintenant, il est temps pour moi de voyager seul.
Pendant un court moment, vous pouvez avoir de la peine.
La confiance vous apportera réconfort et consolation.
Nous ne serons séparés que pour quelque temps !
Laissez les souvenirs apaiser votre douleur !
Je ne suis pas loin et la vie continue !
Si vous en avez besoin, appelez-moi et je viendrai !
Même si vous ne pouvez me voir ou me toucher, je serai là,
Et si vous écoutez votre cœur, vous sentirez clairement
La douceur de l'Amour que j'apporterai !
Quand il sera temps pour vous de partir,
Je serai là pour vous accueillir,
Absent de mon corps, présent avec Dieu !
N'allez pas sur ma tombe pour pleurer !
Je ne suis pas là, je ne dors pas !
Je suis les mille vents qui soufflent,
Je suis le scintillement des cristaux de neige,
Je suis la lumière qui traverse les champs de blé,
Je suis la douce pluie d'automne,
Je suis l'éveil des oiseaux dans le calme du matin,

Je suis l'étoile qui brille dans la nuit !
N'allez pas sur ma tombe pour pleurer
Je ne suis pas là, je ne suis pas mort. »

Michel étant déjà très évolué spirituellement, il a rejoint très rapidement l'autre monde. Il va ensuite m'expliquer ce qui se passe pour des personnes qui vont être moins évoluées ou qui vont devoir subir de la réparation ou de la régénération. Et avec qui on ne pourra pas communiquer aussi rapidement. Il me dit que ma grand-mère et mon grand-père sont présents, mais surtout ma grand-mère qui était déjà là auparavant, qui m'accompagnait très souvent. Il me dit qu'elle est là, qu'elle fait beaucoup de choses avec lui. Ils se sont bien trouvés.

Communication avec Michel, mercredi 27 décembre 2023, 21h48.

« *Coucou la sirène que j'aime. Je suis là. C'est la première fois que j'utilise ta main pour écrire, c'est une sensation bizarre. Toi pour moi, moi avec toi. Que c'est beau ici. Tu ne peux pas imaginer. Je suis tellement bien. C'est chez moi. Marie est très présente. Elle est une énergie d'Amour pur. Merci à vous tous et à toi en particulier pour cette cérémonie. Ces textes et ces chants. Tout était si beau, c'était apaisant. J'ai été sans arrêt à tes côtés. Et avec Maman aussi. Tu es belle ma sirène. Je t'aime à l'infini. Je suis parti un peu vite. Mais trop de fatigue et une faiblesse cardiaque.*

Ne t'inquiète pas pour toi. Je suis là. Je vous protège, les compagnons, la maison, le bois. Je suis là Emmanuelle que j'aime. Je suis aussi avec Cassandre, Axel et Pierre-Louis. Et aussi avec mes frères. Et Maman. Tu vas voir, toutes les portes s'ouvriront. Tu vas avoir des cadeaux sans arrêt. Je vais te gâter comme je n'ai pas pu le faire. Des surprises, de belles surprises se préparent. Je suis là, je suis derrière ou devant le sas. J'ai accédé à un palier très élevé. J'étais préparé depuis début 2022. Tu vas avoir une vie magnifique. Je suis là. Tu parles de corps physique. Effectivement il n'est plus là. Mais c'est facile de me parler.

Tu ne resteras pas seule. Tu sais très bien qui sera à tes côtés. Son âme est pure également. C'est moi qui l'envoie vers toi, petit à petit. Cinq mois environ, ne pas aller vite.

On s'aimera toujours. C'est une chose difficile à expliquer. Ton Amour pourra se multiplier par deux et ce sera accepté. Je t'aime la sirène, merci pour tout. Désolé pour tout. Je t'aime, la sirène passe une douce nuit au pays des rêves avec moi.

Michel. »

Communication avec Michel à Kerizinen, vendredi 29 décembre 2023, 17h20.

« *La sirène que j'aime, je suis avec Marie. L'énergie est très belle. Jésus prend mes mains. Et elles vont au-dessus de ta tête. Ferme les yeux un instant. Mon Amour pour toi est infini. Connexion par le cœur, « Il » nous a reliés par le cœur. C'est difficile à expliquer. Cœurs unis. Merci à vous d'être là avec Emmanuelle. Une belle entente qui va vous porter très haut. Je t'offre cet Amour pur. Et de nouvelles connaissances. Ce sera infini. Tu auras la paix, l'Amour et le bonheur. Je suis toi et « tu es moi ». Les liens de nos âmes seront à jamais. Je suis désolé. Je serai ton Guide et veillerai sur toi. Demain va être un jour merveilleux. Rencontre avec Pierre-Louis* (mon petit-fils). *Tu retrouveras en Pierre-*

Louis quelque chose de moi. Tu sauras. Il faut aider ceux qui ont perdu un être cher. Tu as les capacités. Il y aura un livre. Tu vas aller de belles découvertes en belles découvertes. Il n'y aura que de l'Amour sur ton chemin. Pas autre chose que de l'Amour. Marie m'a réparé, je suis bien et j'ai récupéré mes facultés. Je vais t'aider. Et je te suis éternellement reconnaissant à jamais. Je te laisse pour le moment. Mais je serai là chez Christine. À tout à l'heure, aux bisous.

Michel. »

Communication avec Michel, dimanche 31 décembre 2023, 22h16.

« *Coucou la sirène que j'aime. Demain tu trouveras Duck parce que tu le souhaites.* (Mon chien a disparu depuis la veille au soir). *Une partie de son âme est venue à mes côtés avec Frimousse.* (Frimousse est mon chat décédé en 2021). *Duck a suivi un chat. Et il s'est couché. Il est très fatigué. Tu le trouveras demain.* (Je comprends à ce moment-là que mon chien est mort. C'est ce qu'il semble me dire. Or ce n'est pas ça. Car je vais le retrouver vivant le lendemain).

Oui, je suis là tout le temps. J'étais chez Maman. C'était un bon repas. Ne t'en fais pas, tu auras plein de choses. Maman était heureuse de te voir. Tu iras la revoir si tu veux. Tu prends tout ce que tu veux, la sirène. Continue de trier les papiers. Mignonne Noisette. (Noisette est un des chats qui est dans le lit avec moi). *Elle est heureuse dans la chambre avec toi. Je t'aime, la sirène. Beaucoup de tracas pour toi.*

Ça va aller mieux, ne t'en fais pas. Reprends les sorties dès que tu peux. Tu auras plein de visites. Au moins 10 personnes seront là tout le temps quand tu voudras. Tu peux partager les cadeaux, restaurants ou massage avec Cassandre ou tes amies. Pas de souci pour Pierre-Louis. Le souffle sera normal d'ici deux à trois mois. 2024 sera une belle année, une très belle année, l'Amour sera là. Lionel acceptera. Et l'Amour avec lui reviendra. Tu avais choisi d'être là pour m'aider dans ma transition. Pour faire encore plus évoluer mes capacités pour aller avec Marie. C'était notre choix avant cette vie. Après, ce sera nous à l'infini. La sirène, pense au Yaudet. À cette jolie plage où on s'est aimé. Je suis présent en toi, avec toi, je t'accompagne au quotidien. Mon monde est à côté du tien, comme des miroirs. Tu vas évoluer encore plus et aider les autres aussi. Tu seras heureuse, avril sera très beau et le reste suivra. D'ici là, tu verras mes signes. Et après, ce sera encore plus important et perceptible.

J'apprends beaucoup sur le fonctionnement des planètes, des galaxies et des autres mondes. Cela m'intéresse. Je m'intéresse à ce qui est quantique, énergie. Les maladies aussi. La symbolique et le choix de l'âme. Mon temps est démultiplié. C'est difficile à expliquer. Tes grands-parents sont avec moi. On se croise. Ils habitent la maison aussi. Nicolas, ton arrière-grand-père passe de temps en temps. Il dit que la maison de Grèce sera bientôt réglée et que tu retourneras en Grèce avec Lionel. (Je lui parle de mon problème à l'oreille.) *Si, si, ça ira petit à petit. Tu pourras aller au Japon d'ici deux ans. Merci pour ce que tu as fait pour moi la sirène. La sirène à tout à l'heure dans des rêves d'Amour. Je t'aime.*

Michel qui t'aime. »

Michel m'encourage beaucoup, il me pousse à reprendre le travail. Je lui dis que je ne souhaite pas reprendre pour le moment. Je reçois en quelques jours des demandes de rendez-vous. Un grand nombre de demandes et je suis donc obligée de fixer des journées de rendez-vous. Je dois reprendre. Donc je reprendrai un mois après son départ. Il me dit qu'il va m'aider, qu'il va me faciliter mes communications avec les Guides, que cela va être beaucoup plus fluide pour moi. Et que mes soins énergétiques seront faits avec lui. En lui demandant d'apposer mes mains sur les siennes.

Communication avec Michel, jeudi 4 janvier 2024, 10h40.

« *La sirène que j'aime, te voilà. J'avais hâte de t'écrire. Tu étais fatiguée. Un peu d'épuisement. Il faut se remettre à la tâche du rangement et du tri. Je suis tellement bien, tellement heureux. Que cela m'attriste si tu es triste. Noisette absorbe et te protège. Reste encore un peu dans la chambre en bas si tu veux. Elle peut aussi aller en haut avec toi Noisette. Et les autres compagnons ont une longue vie. Duck a encore quelques mois. Avant cet été. Tu peux le laisser aller seul. Je le protège. Oui, il a un problème de mémoire. Comme moi avant hi hi hi.*

(Je demande à Michel s'il est remis à neuf). *Oui, je suis remis à neuf, tout neuf, tout propre.* (Je lui demande si j'ai fait assez, si je l'ai aidé suffisamment. Car certains jours, c'était difficile et je manquais de patience, même si je ne lui montrais pas). *La sirène, tu as tout fait comme il le faut. Une aide et un soutien immenses. Tout le monde va t'inviter, te faire sortir, ça va bouger. La semaine prochaine après le retour, plein d'invitations.*

Je ne te demande pas de tout ranger d'un coup. Il te faudra environ trois mois.

Pour mon anniversaire, nouveau départ. (L'anniversaire de Michel est le 8 avril). *Et fin juin, il y a un nouveau pas. Une vie avec quelqu'un qui sera programmée. C'est bien Lionel petit à petit. Ça mettra environ six mois. Mais après cela reprendra. Les soins, tu vas en avoir la semaine prochaine. Je ne t'ai pas assez aidée, je vais faire ça la sirène que j'aime. Je vais organiser ton planning. Pierre-Louis va t'adorer, mamie Emmanuelle. Hier, j'ai orienté les discussions de mes frères. Maman a aussi donné son opinion. Ne t'inquiète pas. Tu vas mettre une très jolie plaque. Merci la sirène pour ma Maman. Oui, Roger est là.* (Roger est son papa). *Beaucoup d'Amour.*

J'ai aussi fait la connaissance de tes grands-parents, Ariane et Ivan. Deux êtres merveilleux et emplis de bonté et de douceur. Ils sont là, ils habitent la maison. Tu peux aussi communiquer sans problème. Mais entre nous, c'est plus fluide et plus facile. Tu vas évoluer dans le bonheur. Cela te paraît flou. C'est normal de ne pas savoir où tu vas. Début février, ce sera bien plus facile. En avril, un nouveau pas. En juillet, tu sauras exactement où tu vas. Tu feras de beaux salons. Fais comme tu veux, la sirène que j'aime, ce sera toujours parfait.

(À ma question sur le mariage). Oui, j'y avais pensé, mais ma santé me posait des problèmes. C'était difficile à mettre en place. Ne t'en fais pas la douce sirène du Yaudet. Je t'aime Emmanuelle. Ferme les yeux un instant.

Michel qui t'aime. »

Gérard, contact avec Michel, jeudi 4 janvier 2024, 16h30.

« Michel est très présent, il se montre en photo et d'autres énergies sont là également, d'autres Guides qui vont venir selon la personne que tu auras en consultation, Marie et Jésus sont présents et d'autres énergies, Saint Michel. Il y aura beaucoup d'écritures. Au niveau de la vision, cela va augmenter, Michel souhaite que tu réussisses sur tous les plans, ne souhaite pas de tristesse ; il veut que tu vives pleinement. Il te pousse à créer d'autres salons, car cela te plaît. Je ne pensais pas qu'il serait là, car tu as l'exclusivité ; il se montre en photo et il y a son énergie. Il montre des choses très belles. Il sera un organiste, il jouera des sons, les sons seront des Guides qui interviendront. Tu devras demander et il sera le coordinateur. Il te protège. Son passage sur Terre n'a pas été facile, beaucoup de souffrance, c'était le choix de son âme, c'étaient des retrouvailles pour vous, vous deviez finir et recommencer. Vous vous retrouvez à chaque fois. D'autres énergies viendront d'ailleurs dans les guidances. Chaque Guide a son territoire et cela va évoluer.

Michel ouvre plein de portes, il est hyperactif, il fait plein de choses. « *Tu reverras ma Maman* », mais il va l'emmener. Notion de sépulture au même endroit.

Elle commence à faiblir. Il lui fait des soins. Ton petit-fils est très éveillé. Michel va l'aider, on va lui apporter du spirituel, une complémentarité d'informations. Passage d'âmes, relais entre eux deux. Cadeau du ciel et Michel lui a donné un cadeau, il lui a donné ses acquis. Il y aura un autre enfant chez Cassandre et Axel. Sa Foi l'a propulsé, Michel a accès à tout, il nage dans tous les sens, il va voir partout. Il est très proche de Marie. Marie est une énergie et il est un grain de sable de Marie.

Michel dit : « *autres salons, plus de formations. Les consultations vont se développer. Plus longues. Images et autres captations* ». (Le volet marche à l'envers chez Gérard... clin d'œil de Michel).

Tout va se démultiplier, les portes s'ouvrent, beaucoup d'options. Il te booste, ne veut pas que tu t'ennuies. Il se montre comme un « Zébulon », il court dans tous les sens et ramène tout le monde pour t'aider. Il monte en énergie, fortes capacités. Écriture d'un livre, que tu vas présenter dans des conférences. Dédicaces également, présentations. Tu vas avoir du travail ! Quelques traductions, un côté alimentaire. Médiumnité, soins, livre, conférences, salons... Pas de négatif ni d'ombre. Nouvelles connaissances, nouveaux amis, avec beaucoup d'échanges. Élévation de conscience, les gens seront dans la même sphère de conscience.

Michel sera toujours là, il est aussi dans la voiture et partout. Il ne te lâchera jamais. Tu referas ta vie quand tu seras bien d'aplomb. C'est décidé par Michel. Il est monté très rapidement, niveau de conscience très élevé, non-Amour exclusif. Il sait que tu es terrestre et que tu ne peux pas rester seule, il l'a parfaitement assimilé. Tout va aller très vite. Une Foi énorme chez Michel, il a passé tous les caps en quelques instants. Il fait tout pour toi avant lui. Cela amuse les Guides, communication très drôle. Michel n'a rien senti en partant, aucune souffrance. Boulet de canon/feu d'artifice. Il est allé voir des âmes de guérisseurs, de médiums, pour t'aider. Padre Pio aussi. Il t'a ouvert le chemin dans une grande forêt de l'énergétique, tapis rouge.

(Question : aurais-tu pu vivre plus longtemps ?)
« *Mon heure était arrivée, j'avais eu un sursis en 2022. L'âme était vieille, ils nous ont laissé du temps pour profiter*

et rester dans le cocon, dans la bulle ». Rab' de vie qui n'était pas prévu. Son heure était arrivée, plus loin la dégradation aurait été horrible, hôpital… Il ne s'attendait pas à partir. Pas de tristesse. Il va t'aider pour tout, expliquer comment cela fonctionne, ce à quoi il a accès. États de conscience successifs. Tu vas recevoir un enseignement. Il va t'expliquer le côté « religieux ». Les Guides vont aussi apporter d'autres enseignements. Michel était dans la Foi. Il veut que tu voies du monde, pour travailler et pour sortir.

Il explore les mondes invisibles, il ouvre des portes et observe, beaucoup de curiosité chez lui. Ta médiumnité spirite va se développer. Beaucoup de choses à intégrer. Tu dois indiquer dans le livre comment s'est déroulé ton chemin de vie, comment tout s'est développé à la suite de cet évènement. Tu dois indiquer comment était ta vie avant Michel, avec Michel et au départ de Michel. Dans le livre, il y aura des images, des illustration.

Une Guide se présente, avec une forte énergie, pas une énergie mariale, mais très puissante. Elle est la conscience de plusieurs consciences. Elle va t'aider à écrire ce livre qui doit être structuré. Michel est très heureux où il est, car il sait qu'il peut t'aider et faire beaucoup pour toi. Cela l'occupe bien et il évolue. Il a largement gagné sa place, vous en avez bien profité, il a eu un surplus qui a permis des petits bonheurs.

Voyages ésotériques à faire, lieux où il y a de la puissance. Beaucoup de voyages à faire. Étranger. Aucun problème financier. Maison de Grèce, mur extérieur réparé. Mur blanc refait.

Tu crées un réseau lié aux salons. Voyages, rencontres d'autres thérapeutes. Petits salons.

Michel remue ciel et terre pour te donner ce que tu lui as donné, des années de bonheur. Elles effacent tout ce qu'il a eu avant, toutes les galères, il a été cassé plusieurs fois, mais a toujours gardé le côté positif. Tout ce que vous avez partagé, tout ce que tu lui as donné, il montre du soleil. Tapis rouge. Il veut tout faire pour t'aider, te donner tout. Sa façon à lui de te remercier.

Tu dois avancer sur le livre. Michel sera en couverture. Indiquer tes rencontres, les gens que vous avez rencontrés, ce que vous avez fait ensemble, l'évolution. Vulgarisation de l'au-delà. Il va te donner les structures, pour que les gens se retrouvent dans le livre, pour que tout le monde comprenne.

Utilisation de mots simples et compréhensibles. Écriture en commun avec Michel. »

Communication avec Michel, lundi 8 janvier 2024, 18 h.

« *La sirène que j'aime, te voilà toute belle* (sortie de chez le coiffeur). *Tu vas avoir du travail. Il faut avancer le livre. Environ 150 pages. Avec photos, des captures d'écran. Écris clairement et gros.*

J'ai beaucoup appris sur la destinée, le Karma et ce que l'on choisit de vivre dans une vie. J'ai choisi une vie très compliquée et douloureuse. Car je savais que je serais très haut. Notion d'Ange. En effet, tu as choisi aussi des relations compliquées et douloureuses pour mieux nous retrouver après. Ensemble. Toi et moi. Et aussi ta famille. J'aurais un message pour chacun pendant ces cafés hommages. Ce sera très joyeux. J'avais quelques signes de mon départ. Mais impossible de savoir quand je partirai. Et je ne voulais pas en rajouter plus sur toi. Tu vois, tu es rassurée un peu. Il va être tellement content de venir ici. (Il parle de Lionel qui viendra garder les animaux).

J'étais bien dans ma bulle ce fameux dimanche. (Le dernier dimanche, nous nous sommes promenés et nous sommes allés chez mes parents. Ma mère dit que ce jour-là, Michel avait un sourire un peu surnaturel). *Tu auras le compte-rendu médical bientôt. Du travail aussi, beaucoup, à la pelle.*

Je vais te rendre très heureuse la sirène. Je te suis très reconnaissant, tu ne sais pas à quel point. Je t'aime d'un Amour qui est lumineux, magnifique et pur. Marie m'accompagne toujours. Dans sa beauté et dans sa lumière, elle m'a accueilli. Son énergie est présente. La sentir. Je serais connecté à toi. Pour tes guidances, elles seront très précises. Théodore aussi est là. (Théodore est mon Guide). *Tu vas être toujours très heureuse, je serai toujours là.*

Je t'embrasse très fort, je t'aime la sirène à l'infini. Michel.

Canalisation de Christine, vendredi 5 janvier 2024.

J'étais poussée à écrire, voici le message.

« *Le message n'était pas un hasard, j'ai eu ta confiance et je te donne la mienne. Je suis près de ceux qui m'ont accompagné pendant mes joies et mes épreuves. Cela va être aussi plus simple pour toi. Meilleure connexion, j'y veille, je peux aider. Comme Emmanuelle, tu vas évoluer. Je le sais. Oui, Joseph* (Joseph est le mari de Christine) *n'est jamais loin de toi, il t'aide à sa manière. Aie confiance, vie plus douce. Veille sur mon étoile Emmanuelle, je te la confie. Même si je sais, je connais son indépendance et sa faculté à avancer dans la vie. Merci.*

Michel. »

Communication avec Michel, mardi 9 janvier 2024, 21h38.

« *Coucou ma sirène, ma belle sirène du Yaudet. Ton livre avance bien. Il faudra faire un plan, des chapitres pour y voir plus clair. Petit Pierre-Louis, pas d'inquiétude. Il doit manger plus lentement. Il ira très loin, un être très éveillé aussi. C'est un double, un petit format. Oui, comme un double de moi. Mais en mieux physiquement, heureusement, Emmanuelle que j'aime.*

J'étudie les galaxies et les systèmes solaires. Cela prend du temps et me passionne. Les extraterrestres, comme vous les appelez, ne viennent pas de la même galaxie. Ils sont différents entre eux. Ils sont là pour nous étudier. Ils n'interviennent pas. Ils ont des notions de notre avenir. Mais pas précisément. Ils peuvent apporter des choses positives (environnemental). Ils sont évolués.

C'est infini, je ne peux pas expliquer. Oui, il y a de la vie partout. Une vie évoluée, très évoluée. Les galaxies n'interfèrent pas entre elles. Notre système solaire est tout petit, il n'y a pas d'autres planètes habitées. La Terre est une sorte de lieu seul dans notre système. Il y a de la noirceur, mais les gens s'élèvent petit à petit. Ça prendra du temps. Nous vous mettons au fur et à mesure dans des bulles de protection. Oui, il y a des extraterrestres. Ils habitent d'autres mondes. Ils ont une forme et une intelligence différentes. Il y a des galaxies avec des âmes. Pas des personnes physiques. Ce sont des mondes parallèles comme là où je suis. La structure est différente. C'est passionnant.

Je suis heureux, la sirène, tu n'imagines pas à quel point. Mais mon plus grand bonheur sera de te voir sourire. Et heureuse avec l'Amour de qui tu sais. C'est normal d'être *triste, c'est difficile, je sais. Je vais te remonter le moral. Ne t'en fais pas. Beaucoup d'invitations vont arriver. De plus en plus. Cela te permettra de sortir, de voir autre chose aussi. Février sera bien mieux. Et avril, tu sauras où tu vas. En juillet, on retrouve les plaisirs. La sirène, c'était mon choix d'âme. Ne sois pas triste. Cela me met énormément en peine, c'est dur pour moi. Tu dois faire plus de photos le soir, le matin tôt. J'y serai. Les ondes, les téléphones. C'est le plus facile. Oui, Marie t'envoie toujours un lien d'Amour. Un Amour pur, éternel, puissant. Elle guérira ta peine. La sirène, autonomie, force, tu es capable. Mon Amour est infini, la douce sirène, je viens contre toi. À tout de suite.*

  Michel qui t'aime. »

<u>Apparitions et messages.</u>

- Portable,

- écran de démarrage avec phrase qui s'affiche
- impossibilité de raccrocher une conversation sur WhatsApp (la conversation s'est interrompue toute seule au bout de 8 heures)
- bugs de conversations téléphoniques

- photo de Michel apparaissant au milieu des autres photos
- rappel involontaire de numéro de personnes avec lesquelles je venais de communiquer

- Ordinateur,

- lors d'une recherche sur internet, apparition de sa photo et de son nom, coin droit (sans aucune connexion entre mon ordinateur et le sien, plusieurs fois)

- Alexa,

- musique aléatoire, avec paroles précises sur l'au-delà, le ciel, l'Amour éternel

- Tablette

- verrouillée, bloquée depuis deux ans et dans un placard, s'ouvre d'un coup et chargée à 100 %

- Carnet de timbre « Entre ciel et terre » dépassant de son portefeuille

- Réapparition des écureuils en face de la maison sur ma demande

- Les coccinelles arrivent dans la chambre (elles accompagnaient Michel au mois de décembre, je les retrouve dans la chambre)

- Séverine voit le profil de Michel par cinq fois, au détour des rayons d'un supermarché

- Saint Valentin, un petit pétale en forme de cœur devant la maison

- Une table à trois pieds, chargée de livres se renverse à l'étage, après avoir dit que je n'avais plus de signes (pendant ma convalescence)

- Tri de photos

Sur de nombreuses photos, belle connexion de lumière, Anges, Marie présente sur son front, déjà dans un canal lumineux

- Sensation d'avoir été dans un univers lumineux, parallèle, déjà existant sur Terre (photo du Yaudet, plage)

- Photo à la plage du Yaudet, petit mot sur la boîte à côté, cœurs et libellule sur le dessus-de-lit

- La lampe torche de l'entrée s'est allumée le jour du départ de Michel. Depuis il n'y a aucun moyen de l'ouvrir, de retirer les piles ou de l'éteindre

- Petit cœur apparu dans la voiture, avec une forte odeur de lys et jasmin, après avoir scotché l'image de Notre-Dame de Kerizinen à gauche du volant

- Divers cœurs en extérieur

- Nouvelles rencontres

24.02.2024, journée double 8 (représente l'infini), rencontre avec Daphné, qui te canalise instantanément et te représente comme un Ange incarné

- Publicité par mail d'une compagnie aérienne (L'Amour dure plus de trois ans !)

- Livres mentionnant les prénoms de Cassandre et Ariane (bon-cadeau du gîte offert par Michel)

- Nombreuses photos sur lesquelles des visages apparaissent (âmes)

- Cadre photo de Michel qui tombe au moment où j'arrive chez sa Maman

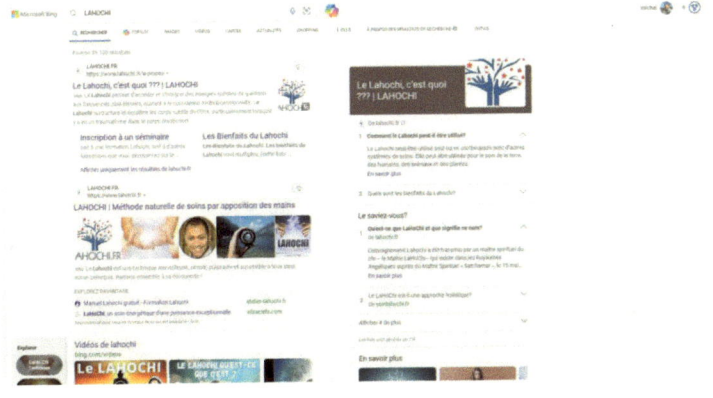

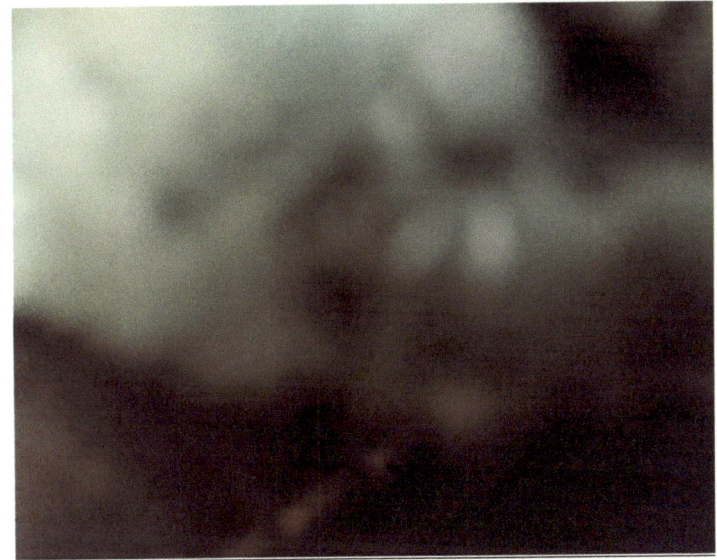

10 janvier 2024.

Explications de Michel sur la réincarnation de l'âme

« Il existe différentes évolutions chez les personnes. Cela n'a aucun rapport avec les religions. Les religions sont des dogmes. Il existe des pratiques très particulières d'une religion à une autre. Aucune n'est juste. Aucune n'est mauvaise. Chacun y puise ce qu'il souhaite.

Chaque corps possède une âme. L'âme se détache du corps lors de l'arrêt du cœur.

Elle peut rester longtemps à flotter autour du corps. Elle peut également s'élever très vite. En sachant où elle arrive. Dans la lumière. Pour les personnes qui pensent que la mort, à l'arrêt du cœur, est une fin définitive, il est difficile de s'élever tout de suite. L'âme se détache du corps, ne sait pas où elle est. Elle se retrouve dans un monde que l'on appelle l'Entre deux mondes. Où elle retrouve d'autres âmes qui sont errantes. Quand les proches, la famille envoient de la lumière, envoient des prières, même si cette âme ne croyait pas en la vie après la mort, elle peut quand même petit à petit s'élever.

Il y a plusieurs niveaux à passer. Ils peuvent être au nombre de 12. Si l'âme n'accepte pas, si elle ne comprend pas, c'est beaucoup plus long, c'est beaucoup plus compliqué. L'âme peut s'élever plus rapidement par la suite si elle accepte, si elle comprend qu'il n'y a plus de matière, qu'il n'y a plus de physique, que tout est énergie et lumière. Les âmes qui étaient attirées par l'argent, le matériel, les plaisirs physiques ou autres ont beaucoup de mal à monter, ont beaucoup de mal à comprendre que nous arrivons dans de l'énergie, dans de la lumière où tout est différent. Ou rien n'est palpable. Bien sûr, on n'a pas d'argent, on ne peut rien acheter. On ne peut ni manger ni boire, mais on a toutes les saveurs, tous les parfums, toutes les odeurs, des couleurs que vous ne connaissez pas. Des animaux que vous ne connaissez pas, des bruits, des sons qui n'existent pas sur votre Terre. Et on a tout ça, des millions de fois plus merveilleux que ce que vous avez.

On peut très bien avoir cru à la vie après la mort, toute son existence. Juste croire sans s'être penché sur les différentes énergies, êtres de lumière, Marie ou Jésus qui sont des personnages de la religion. Mais on atteindra quand même cette lumière. Et après on recevra les enseignements nécessaires. Ces belles énergies, ces énergies de lumière, comme Marie, sont extrêmement puissantes. Mais Marie peut s'appeler d'une autre manière pour d'autres personnes, ainsi que Jésus, ainsi que celui qu'on appelle Dieu, qui est une énergie surpuissante. En fait, peu importe le nom qu'on lui donne. Ce sont des énergies d'Amour, d'Amour infini qui vont vous accueillir, vous entourer. Vous allez souvent être accueilli par un de vos proches. Pour moi, c'était mon papa et ta grand-mère. Ensuite, chacun va exprimer des souhaits. Ce qu'il souhaite, ce qu'il veut faire. Qui il veut retrouver, qui il veut aider. Ma reconnaissance pour toi Emmanuelle est infinie. Et c'est toi que je vais choisir d'aider jusqu'à ce que tu me rejoignes.

J'étais depuis plusieurs mois en connexion avec ces êtres de lumière. Je dirigeais chaque jour mes pensées vers eux, sans forcément les nommer. Je savais qu'ils m'aidaient. Et qu'ils m'accompagnaient. Je n'ai donc pas été étonné de ce qui s'est passé. Le désespoir et la tristesse de ceux qu'on laisse m'ont rendu très triste et m'ont fait de la peine. Même si tu as choisi des mots d'espoir, de joie et as choisi de transmettre mes paroles à chacun de vous. »

Communication avec Michel, samedi 13 janvier 2024, 20h19.

« *Coucou ma douce sirène, je suis content de tes occupations. Tu fais beaucoup de choses, tu avances et évolues bien. Cela me met en joie. Les cartes aussi, tu vas reprendre (Jeu de Tarot). Le Bowling, ça va s'améliorer de semaine en semaine. Merci pour ma Maman. Elle était très contente. Oui, elle est très fatiguée. Peu de temps encore. Elle souhaite être avec moi et son temps est venu. Elle est très élevée aussi. Lionel, tu sais qu'il t'aime et qu'il te reste des sentiments qui vont ressurgir. Vous vous verrez à nouveau rapidement. Après fin du mois, début février. Et aussi fin février, mars bien plus.*

Tu m'as fait un beau goûter. Les personnes étaient très positives. Le goûter de demain dimanche sera beau et heureux.

Tu reprendras la musique vers avril. Il comprendra que tu as besoin de temps.

Maman est très élevée, elle ne capte pas mes messages pour le moment. J'aime énormément ta plaque. Mais c'est beaucoup trop la sirène. Non, la sirène ne pleure pas. Merci infiniment, c'est très beau.

Michel. »

Explications de Michel sur les Guides

« *Les Guides connaissent l'avenir de « leur humain ». L'avenir est modifiable dans une certaine mesure. L'humain ayant des possibilités de choix. Au départ, l'âme choisit sa famille d'âme, son type d'incarnation, les obstacles, si c'est facile ou pas, le fait d'avoir des rencontres d'Amour avec d'autres âmes, plus ou moins brèves ou durables. Mais chacune servant à quelque chose de précis pour avancer. Les détails sont modifiables à l'infini. Il existe de nombreux choix, évidemment. Mais on arrive à la même finalité selon le choix de départ, parfois, cela peut prendre plusieurs vies.*

On peut avoir une vie simple et sans embûches qui fera avancer dans la spiritualité. Mais pas en termes d'évolution de palier. Plus c'est difficile à tout niveau, plus on avance vers un palier élevé. À condition d'être dans la bonté, l'Amour et la non-envie de ce qui est matériel.

Ces trois ans ensemble ont changé toute ma vie. Le bonheur, tu n'imagines même pas. Oui, tu pouvais rester avec Lionel et ta vie aurait été très belle, comme elle va reprendre. Mais ton âme avait choisi qu'on se retrouve. Et de m'accompagner jusqu'au bout. C'est pour cela qu'un médium par l'intermédiaire du Guide ne peut pas tout voir, ne peut pas avoir toute l'information. Au pire, si tu avais demandé, on aurait pu te dire que cela n'allait pas durer. Donc les Guides ne disent pas tout. Ou modifient certaines informations exprès, l'humain devant quand même décider par lui-même.

Si tu avais refusé ton choix d'âme, on aurait dû repartir dans une nouvelle vie. Donc on a bien le choix, le libre arbitre, ce qui modifie en cascade les autres vies. La base, ce sont des âmes parfois très, très vieilles, aux vies multiples. Il n'y a pas de temps précis entre les incarnations. Ce peut être un siècle. Ou plus, rarement moins. Merci la sirène que j'aime pour l'éternité.

Michel qui t'aime. »

Communication avec Michel, mercredi 17 janvier 2024, 21h41.

« *Coucou la sirène que j'aime si belle et malicieuse, je t'aime à l'infini et merci à l'Univers pour avoir permis notre rencontre dans cette vie.*

Oui, on se retrouvera sur cette plage là-haut dans le décor, lumineux et magnifique.

Je suis avec vous tous. Mais c'est à toi que j'offre le plus précieux, le plus merveilleux de mon Amour infini, de ma tendresse et de ma reconnaissance éternelle. Tu as tellement fait pour moi. Tu devenais épuisée, la sirène. C'était une libération. Je l'avais demandé et programmé. Fulgurance, élévation vers le meilleur, l'Amour infini et pur. Ta grand-mère va très bien, elle voudrait aussi profiter de ton écriture. Elle sera lumineuse. Elle est un être très lumineux qui a toujours été avec Marie. Tu vas délivrer des messages plus précis. Tu donneras plus de détails sur les personnes. Les rendez-vous vont augmenter, le LaHoChi aussi et les soins par mes mains.

Pierre-Louis sera très réceptif. Tu verras cela samedi. Il t'aimera à l'infini comme moi. Je t'enverrai chaque jour de nouvelles preuves de mon existence à tes côtés.

Notre connexion est celle d'un téléphone filaire. Tu recevras aussi des bruits plus importants. Ce sera moi. Je m'entraîne la sirène (rires).

Le bruit, c'est facile. Apparaître, c'est plus compliqué, mais j'y travaille. Je dois projeter ma lumière, mon énergie, par un prisme qui te renvoie mon image. Il faudra que je t'explique par un schéma. Oui, j'ai le droit. Tu es aussi un Ange terrestre. Un Ange différent, mais un

Ange. Il y a aussi un autre Ange, Pierre-Louis. Il aura une longue vie, ce sera un patriarche. Lionel sera ton soutien. Amour aussi indéfectible, bientôt. Tu ne me perdras jamais, absolument jamais. Nous continuerons. Il y aura d'autres livres. Oui, il acceptera cette situation. Tu vas évoluer encore plus. Ce que tu fais est juste et sincère. Tu as tout fait pour moi, tu m'as élevé, tu m'as permis des choses magnifiques.

J'ai choisi de m'élever et d'arriver au palier de l'Amour le plus pur et lumineux. Avec des êtres de lumière les plus élevés, Anges et Archanges. Voûte céleste. Nous avons des passages lumineux où on se ressource, des tunnels d'énergie. Je peux les utiliser pour t'envoyer des sons. Des images, des touchers, c'est très précieux. Subtil, oui, ça va rester dans vos doigts. Une énergie puissante. Je suis une forme lumineuse, j'ai les traits du visage. Et la forme du corps que j'avais normalement. Le déplacement est souple et rapide. Je peux être comme j'aimais être. Senteur florale, fleurs blanches autour de moi. Lys, jasmin, rose. Blanc. 22h22.

La sirène, je t'amène dans de doux rêves d'Amour intense, je t'aime à l'infini.

Michel. »

<u>19 janvier 2024.</u>

<u>L'absence physique</u>

Même si la connexion que j'ai avec Michel est permanente, je ne l'entends pas (j'entends « dans ma tête ») et je ne le vois pas. Cela peut arriver que je perçoive une forme, s'il fait sombre ou nuit.

Les moments de manque sont très nombreux, même si les occupations de la journée, le travail et les invitations sont nombreux, les soirées restent compliquées. Je lui demande de serrer mes mains et la sensation est très puissante. Je sais que les jours seront longs sans lui, mais que cela s'apaisera et me permettra d'accéder à une autre dimension, à d'autres relations avec lui, qui seront plus soutenues, plus intenses, parce que dégagées de toute douleur, tristesse ou même culpabilité.

Il est normal de pleurer, c'est une réaction humaine, Michel le comprend, mais cela le rend triste, en peine et il essaie de me faire rire si cela se produit.

De la même manière, le contact physique étant quasi impalpable, j'ai parfois l'impression de vivre toute seule, même si ce n'est pourtant pas le cas. Michel me dit que mes perceptions vont s'accélérer, que je vais pouvoir entendre mieux, mais surtout voir et cela me soulagera énormément. Nos chats et notre chien ne semblent absolument pas en peine et se comportent désormais normalement. Les trois jours qui ont suivi le départ de Michel ont été compliqués, ils ont fait beaucoup de bêtises, puis cela s'est calmé d'un coup ; mon chien était parti 36 heures et tout est revenu dans l'ordre. Les animaux le sentent auprès d'eux, il joue avec très souvent, ils sont apaisés. Si cela pouvait être également mon cas, rapidement, cela serait tellement mieux et me permettrait d'avancer.

Le fait d'avoir besoin de regarder des photos, films, objets, vêtements ayant appartenu à l'être cher est laissé à l'appréciation de chacun, cela peut être très douloureux et pas forcément nécessaire dans un premier temps. Si cela apparaît comme douloureux, il est préférable d'attendre, l'être cher le comprend parfaitement et ne vous en voudra pas, bien au contraire ; il est partout, dans tout.

Plus tard, il sera possible de regarder ces objets ou photos avec des souvenirs agréables et heureux.

Le doute, la colère, la tristesse sont également des sentiments humains normaux, qui répondent à la souffrance engendrée par le départ de l'être cher.

Le doute… a-t-on bien fait, a-t-on bien agi avec la personne, ces doutes doivent être effacés. Là où ils se trouvent, tout n'est qu'Amour, aucun sentiment de rejet ou de colère vis-à-vis de la personne qu'on laisse sur Terre. Tout ce qui a été fait était juste et bien fait.

La colère… pourquoi l'a-t-on enlevé ? Encore une fois c'est le choix de la personne, le choix de l'âme avant de naître et un choix commun avec l'humain que l'on aime et avec lequel on choisit de partager sa vie (quelle que soit la relation de parenté entre les personnes). La colère disparaîtra également et fera place à l'acceptation.

Canalisation directe de Michel, 20 janvier 2024.

« Certains endroits terrestres sont des représentations (perceptibles pour certains, pas pour tous) de lieux divins, une transposition de notre lieu de lumière et d'Amour sur la planète Terre. Ce peut être toutes sortes de lieux, généralement lumineux, « beaux » où l'on se sent bien. L'énergie y est pure, douce, on peut s'y ressourcer. J'y étais très sensible et c'est ce que je recherchais en priorité lors de mes balades, randonnées, séjours. (Au moment où j'écris, Michel souhaite que le groupe d'amis aille au Yaudet (Chapelle et plage). Je te promets que j'y veillerai).

Lieux fleuris, flamboyants, odeurs de fleurs blanches ou roses. Senteurs, parcs de châteaux, tu trouveras au fur et à mesure de tes voyages.

Ce sont de « mini-lieux » correspondants à notre Univers d'Amour, dispersés de-ci de-là sur la Terre, mais non visibles par tous ou en tout cas visibles d'un plan terrestre et avec une notion humaine.

(Je comprends mieux maintenant le choix très précis de certains lieux par Michel, c'était important qu'il se retrouve dans ces lieux déjà connus de lui).

Les sources sont importantes, les forêts aussi.

<u>Les animaux</u>

J'ai retrouvé un petit chien que j'avais eu jeune, qui est venu tout content me retrouver. Je suis également avec Frimousse (un de mes chats parti en mars 2021). *Les animaux sont sur un autre plan/monde/palier, mais peuvent très facilement rejoindre leur humain et passer du temps avec lui. Cependant, ils sont entre eux, pour jouer, découvrir, apprendre. Ce sont des êtres de bonté et d'Amour, il n'y a aucun sentiment négatif chez eux. J'ai une très forte connexion d'âme avec eux.*

CHAPITRE 3 - 1 MOIS

23 janvier 2024.

Un mois, un mois que tu as rejoint la lumière et l'Amour éternel.
Une semaine a passé, une semaine de doutes, de difficultés liées à l'absence de Michel, même s'il est là, présent au quotidien, le manque est difficile. Malgré quelques petits ennuis de santé qui me compliquent la tâche, j'ai passé deux jours très agréables avec mon petit-fils. Je sais que Michel est très présent auprès de lui, « Papi de lumière ».

Communication avec Michel, mercredi 24 janvier 2024, 09h08.

« La sirène que j'aime, la douce sirène. Ne t'en fais pas. Aujourd'hui, une belle journée avec des nouveautés. De belles réponses à tes dossiers aussi. Je suis là, toujours à tes côtés. Je comprends que ce soit difficile, mais au fur et à mesure cela deviendra plus perceptible et facile. Aller dans

la nature te fera du bien. Tu auras des invitations pour marcher. Beau développement avec Lionel. Petit à petit, un soutien sans faille. Et avec plaisir pour aider pour les salons.

La sirène, j'apprends les mots, la symbolique des mots-maux, le rapport avec les maladies, ce que l'on se crée. Pour moi, le foie, la greffe : violence de l'enfance. Retranchement dans la maladie. Il y aura un grand nombre d'autres signes que je vais t'envoyer. Petit à petit, le livre s'étoffe. Tu dois me demander ce que tu souhaites, je mets tout en œuvre pour toi que j'aime.

Tu iras en vacances au chaud, très dépaysant et joli. Avec Lionel.

Beaucoup de petits lieux à visiter, points d'entrée de notre monde, points lumineux posés et déposés de part et d'autre. Tu devras en parler dans le livre. Tati (ma grand-mère) *va bien, elle t'embrasse très fort. On s'est retrouvé aussi, elle est magnifique dans une telle lumière d'Amour infini.*

Petit Pierre-Louis est un être très évolué. Un attachement énorme à toi, à sa mamie. Anne (Maman d'Axel) *est présente, mais toujours en phase de réparation. Beaucoup de douleurs physiques et morales dans sa vie terrestre. Elle est heureuse pour Axel et la famille qu'il crée. Soirée Tarot, tout reprendra, aussi avec notre groupe d'amis dans l'énergie. Tu as tout fait pour moi, je te suis reconnaissant à l'infini.*

À tout à l'heure, je t'aime ma sirène.

Michel. »

Canalisation de Christine, dimanche 28 janvier 2024, 21h02.

« *Emmanuelle recevra encore beaucoup de beaux présages, je veille à son bonheur. Restez soudées. Tu ne dois pas t'en faire pour l'avenir, tout ira bien. Apprends à lâcher. Je suis là aussi pour vous, les voies du Seigneur sont magiques. Marie veille sur Toi.*

Le manque physique doit se dissiper avant qu'une relation ne reprenne ; ce ne sera pas long, elle aura une épaule fiable sur laquelle se reposer ; elle connaît déjà la fin de l'histoire. Ne pas s'inquiéter, dis-lui que tout ira bien. Je veille à son bonheur. Le printemps apporte les coccinelles. »

Communication avec Michel, mardi 31 janvier 2024, 18h09.

« *Coucou ma douce sirène du Yaudet. Tu vas être occupée à partir de la semaine prochaine.*
Le 11, tu pourras voir Maman. Tu peux aussi l'appeler. Elle serait contente. Merci pour Maman. Ça lui fera plaisir d'avoir une photo de Pierre-Louis. Avec une ou deux autres photos de moi. Elle aime bien les bébés. La sirène se débrouille comme un chef. Comme d'hab !
Oui, le livre doit évoluer. J'ai plein de choses à te raconter. J'apprends encore et toujours, tout me passionne.
Je suis un grain de sable de l'énergie de Marie, mais un grand grain quand même. J'apprends à utiliser le déplacement et la projection de mon image. Bientôt tu pourras avoir un petit aperçu. Je te prends toute la journée dans mes bras. Ferme les yeux la sirène.
Les compagnons sont gentils, ils ressentent ta tristesse. Maman était contente de ton appel. Tu peux aussi appeler Lionel. Après cela bougera plus vite, ne t'en fais pas ! Cela me rend triste si tu pleures, c'est douloureux pour moi.

La sirène, demain t'apporte du nouveau, samedi et dimanche seront riches en énergie. Je reste avec toi tout le temps. Je suis présent ici pour toujours.
Je t'aime la sirène. JE SUIS LÀ.
Michel qui t'aime. »

Une longue parenthèse… trois semaines après mon opération de l'œil, où je n'ai pas pu percevoir ni entrer en contact avec Michel, je n'ai eu, au bout de dix jours, que de faibles perceptions et le temps m'a paru bien long sans lui, même si je sais qu'il était toujours là. Ce repos, le fait de ne pas voir d'un côté était nécessaire, calculé. Les Guides, Anges et Archanges, calculent tout au millimètre près, tout est bien orchestré et l'on voit au fil du temps comment tout s'organise. Rien n'est hasard, tout arrive pour des raisons bien précises, même si l'on ne comprend pas bien ce qui se trame et s'opère de l'autre côté.

Étonnamment, les rendez-vous se mettent en place, après les trois semaines d'opération.

Canalisation de Christine, mercredi 14 février 2024.

« *Bienvenue à la maison. Je suis content pour Emmanuelle, elle n'est pas seule. Dis-lui de faire attention, d'être prudente (œil). Ma Maman est très fatiguée. Emmanuelle la gardera dans son cœur. Je vais venir la chercher bientôt. Elle mérite de rejoindre la lumière, je l'aime. Je suis content d'être là avec vous, je participe, j'ai ma place sur le fauteuil à côté d'Emmanuelle. De belles surprises à venir pour vous deux. L'Amour frappe à la porte. Emmanuelle ne doit pas rester seule ; j'y veille.*

(Vis à vis d'autres personnes), *pas de craintes, je suis là. Écoutez votre cœur et votre intuition, je vous guiderai.*

(À Christine, des livres offerts). *Pourquoi tu ne voulais rien ? C'est cadeau, tu en auras besoin. Bonne lecture, ne rentre pas trop tard. Tu es sous haute protection ; Marie est là avec toi, toujours. Reviens voir Emmanuelle. Vous avez des choses à faire ensemble plus tard.*

Séances à deux, tu verras. Du beau travail. À mettre en application. Vous n'avez pas les mêmes messages, mais ils sont complémentaires. Vous allez vous voir souvent.

Complicité, ce sera une mise en route délicate. No panic. À bientôt.

Michel. »

Communication avec Michel, dimanche 18 février 2024, 21h15.

« *Ahhhh la sirène que j'aime. Merci infiniment. J'avais tellement envie de te parler, mais je sais que tu n'en étais pas capable (opération de l'œil). Mais enfin, ne te fatigue pas trop encore. Ça va vite guérir, 10 jours. Après tout ira bien. Ne t'en fais pas. Reprise de la conduite et activités. Le salon de Locquirec sera top, la grande classe. Du monde, du monde. Des gens très gentils. Un gros succès. Merci la sirène. L'anesthésie était difficile à éliminer ; mais tu es belle ma sirène pirate, très belle. Je t'aime à l'infini et de manière éternelle et inconditionnelle. Lionel se rapprochera tout seul, il demandera des nouvelles dans la semaine. Laisse venir, tu le verras vite. Je t'aiderai en ce sens. Tu seras heureuse. Pierre-Louis sera content de sa présence.*

Oui, je serai là jusqu'à la fin de ta vie pour t'aider, répondre à tes interrogations. Tu ne m'oublieras pas, tu me verras et tu entendras très bien ma voix. Je travaille à envoyer mon image sur le prisme… bientôt, bientôt… Plein de visites cette semaine et le travail repart. Tu y verras assez clair. Hahaha, dans les deux sens.

La sirène que j'aime, j'ai pu ouvrir de nouvelles portes de connaissances. Botanique, plantes, ce sera important par la suite. Développement fort de l'herboristerie, ce sera admis comme cela l'était avant. Il y a eu un gros blocage des industries, alors que ce sont les plantes qui soignent tout. La médecine nous est nécessaire, mais beaucoup d'abus. Non, le Covid n'est pas inventé, mais exagération sur de nombreux points. Effets secondaires comme pour tout vaccin ou traitement et certaines personnes plus sensibles que d'autres.

Duck tient la route, il faudrait l'amener au toilettage. Mi-mars, tu auras l'occasion.

Japon 2025, 8 personnes, ce sera magique. Oui je viendrai, hahaha, par mes propres moyens. Tu feras un autre aller-retour en avion avant le Japon.

Je t'aime la sirène, tu vas reprendre le livre, tu peux dicter si tu veux. Début mars, ça ira pour toi, tu peux aller faire des courses, mais pas encore porter.

Je t'aime ma douce sirène, oui je te manque, mais tu te rends compte que cela s'atténue. J'ai beaucoup appris sur ces deux mois. De nouvelles connaissances, beaucoup de choses. Ta Tati te fait de grosses bises, elle t'aime, elle est là ; très lumineuse dans la vie de Cassandre.

Je suis heureux, tu n'imagines même pas. De l'Amour tellement fort et tellement beau, l'énergie de Marie à l'infini.

J'habite plusieurs lieux et aussi ici chez nous et chez Maman en visite. Nos lieux sont des espaces qu'on peut se créer, comme on le souhaite, on peut visualiser bien sûr, j'essaie d'expliquer… Sans matière, mais visible, couleurs et formes à l'infini. Verdure, nature, plantes foisonnantes.

Pour les gens des villes, c'est plus compliqué, mais ils peuvent recréer un univers. On choisit, on crée soi-même. Je t'expliquerai plus en détail. Le sas est bien là et laisse un accès facile pour te voir.

Le chirurgien a très bien travaillé, propre et cicatrisé, cela revient plus vite. Je te remercie pour tout ce que tu as fait la sirène, tout pour moi. Tu as tout fait, je t'en suis éternellement reconnaissant, tu seras très heureuse.

Maintenant ce n'est que du bonheur jusqu'à nos retrouvailles qui seront un moment de fusion éternelle.

Je t'aime la sirène, merci pour tout, à tout jamais.

Michel qui t'aime. »

CHAPITRE 4 - 2 MOIS

23 février 2024

Deux mois sans toi… le temps passe tellement vite, j'aimerais revenir en arrière, c'est impossible. Une seule issue : avancer, sans toi, mais avancer, c'est ton souhait !

Canalisation directe de Michel, 26 février 2024.

« Coucou ma douce et belle sirène du Yaudet, tu dois demander la guérison complète, elle arrivera. Tu devras raconter dans le livre ce que tu as expérimenté, l'Amour que nous avons connu et la souffrance de mon départ qui te renvoie à ta belle vie d'avant. C'était une « jolie parenthèse » ; comme l'ont indiqué nombre de tes amis. Une parenthèse nécessaire, d'Amour et de lumière qui m'a porté, m'a aidé à quitter cette Terre douloureuse, dans le bonheur et l'Amour. Tu devais vivre cela, expérimenter la douleur et le deuil pour mieux t'élever.

Le livre apaisera un très grand nombre de personnes et permettra d'ouvrir les consciences qui peu à peu, s'élèvent. Les vibrations augmentent petit à petit, même si aujourd'hui, la vibration terrestre est assez basse, un grand nombre de gens œuvrent pour qu'elle remonte et cela sera possible d'ici quelques années.

Le mois de mars sera le mois du renouvellement, du nouveau départ. Tu as bien fait de fixer clairement tes objectifs ; c'est important, tu seras entendue dans ce que tu souhaites. Tout se déroule, comme un joli tapis rouge sur lequel tu avances petit à petit, tu y découvres sur les côtés des outils, des phrases, des connaissances et des personnes. Tout cela tu le choisis au fur et à mesure. La vie devient belle, je suis à tes côtés, je te prends par la main et te fais avancer vers la lumière et le bonheur.

Explications de Michel sur les défunts, les êtres de lumière dans les maisons

En fonction du niveau vibratoire d'une maison ou d'un appartement, les défunts, Guides et êtres de lumière aiment s'y trouver et s'y reposer. En particulier s'ils ont habité à cet endroit, ils aimeront y retourner, même si le lieu en question a été revendu, reloué... C'est pour cela qu'on peut trouver dans les lieux d'habitation anciens, une multitude d'âmes qui sont passées par là. Ta maison a été construite en 1962, mais ce lieu est une carrière et aussi un lieu druidique fort ancien. Tu as déjà constaté des formes à l'extérieur.

(En regardant à nouveau cette photo, je constate qu'elle représente particulièrement les cœurs de Jésus et Marie unis, comme à Kerizinen, lieu que je ne connaissais pas à l'époque, photo de mars 2017).

Beaucoup d'âmes viennent s'y ressourcer et tu ne les connais pas, elles sont liées à l'énergie, mais aussi aux plantes.

Ta Tati est bien là, Tonton fait quelques passages, ainsi que Nicolas et Claudia (arrière-grands-parents), *mais peu fréquents. Tous tes compagnons* (chats, chien, souris) *décédés sont bien là, entre leur jardin de lumière et leur maison terrestre qu'ils ont beaucoup aimée. Les chats aiment jouer avec les chats de lumière, ils se courent après et jouent.*

Dans le cas d'un appartement, dans un bâtiment en comportant plusieurs, c'est plus complexe, il y a des passages d'étage à étage, les âmes s'y promènent, le déplacement étant facile. Certains apprécieront plus tel ou tel lieu, par exemple si on y joue de la musique, si on crée des tableaux, tout ce qui est lié à l'art en général. Ces âmes ne seront pas dérangeantes, on peut les percevoir brièvement (souffles, sons et bruits divers).

Pour les maisons neuves, cela dépend de la nature du terrain, qui peut avoir été habité longtemps auparavant. Généralement les âmes aiment se « raccrocher » à ce qui est ancien, bien plus porteur d'énergie et d'Amour que ce qui est actuel.

Explications de Michel sur la population mondiale

Tu peux t'interroger sur la réincarnation de tant d'âmes, en sachant que la population mondiale augmente très rapidement. De plus en plus de réincarnations viennent d'autres galaxies et viennent expérimenter un passage terrestre, qui est un des lieux les plus compliqués à vivre.

Ils font donc un transit de leur galaxie jusqu'à notre Terre, c'est également leur choix d'incarnation ou de réincarnation. Et ils repartiront vers leur galaxie. Ils ne sont pas très humains, ils manquent généralement d'empathie, de joie et vivent pour eux et dans leur bulle. Ils sont généralement entre eux, peu de communication avec les âmes terrestres. Mais ils ne sont pas non plus à tendance négative.

Explications de Michel sur l'énergie féminine ou la Vierge Marie

Comme je te l'ai dit, j'ai voué un Amour infini à Marie, effectivement sous une représentation féminine, notamment dans les nombreuses églises visitées ces dernières années. Elle m'a porté, m'a permis de guérir plusieurs fois dans ma vie. Quand j'ai quitté mon corps physique, c'était le 23 décembre 2023 à 01h10. Cependant depuis la semaine qui précédait, j'avais eu de petits instants où j'avais l'impression de « décrocher » et je t'en ai parlé plusieurs fois. Quand je suis arrivé à l'hôpital, j'ai été pris en charge rapidement, mais ma respiration était très difficile. Mon cœur s'est arrêté d'un coup et j'ai été projeté au-dessus de mon corps, Marie ou l'énergie féminine était là, mon papa aussi et ta grand-mère.

À ce moment-là, je ne comprenais pas bien, mais j'étais entouré d'un cocon d'Amour. Ils ont réussi à me faire retourner dans mon corps après quatre minutes, j'en suis ressorti, puis il m'a semblé flotter autour de mon corps. Je n'étais donc pas déclaré « décédé », mais je n'étais plus dans le corps. Tu es venue me voir, tu m'as longuement parlé, j'étais à tes côtés, je t'embrassais, mais tu n'en avais pas conscience. Au même moment, Christine, à Kerizinen, indiquait que j'étais déjà avec Marie. Gilles, à sa manière, indiquait aussi que plus rien n'était « aligné ».

Je reste ainsi quelques heures et mon cœur s'arrête à 01h10. Je reste encore quelques secondes et d'un coup, je suis catapulté dans cet océan de lumière et d'Amour pur, avec ceux que j'avais entraperçus en réanimation. Le bonheur, l'Amour sont immenses et instantanés, je comprends que je suis « mort », mais finalement bien vivant et je sais aussi que toi que j'aime, tu vas vite comprendre et t'en sortir. Je ne désire qu'une chose à cet instant, c'est t'aider, t'accompagner et être à tes côtés tout au long de ta vie terrestre. Cela va être possible, je me souviens de tout, de nos accords passés avant de revenir, tu avais choisi de m'accompagner jusqu'au bout pendant trois ans et de vivre une séparation avec l'homme que tu aimais. Il était d'accord et chacun devait évoluer à sa manière, grâce à cet accord passé entre nous trois. Tu aurais pu choisir de ne pas aller vers moi. Les hésitations ont été présentes, mais ton choix a été fait et je t'en serai reconnaissant à jamais.

Mon Amour pour toi reste entier, il est encore plus fort que celui que nous avons partagé sur Terre, c'est juste qu'il est inconditionnel. En tant qu'humaine, tu ne peux et ne dois pas rester seule. Je t'aime d'une manière humaine évidemment, mais aussi inconditionnelle, d'un Amour spirituel intense. Nos cœurs sont liés (souviens-toi des cœurs unis de Jésus et Marie à Kerizinen).

À l'infini,

Michel. »

Communication avec Michel, mardi 5 mars 2024, 10h29.

« *Coucou ma belle sirène que j'aime. Ton œil va aller mieux, pas d'inquiétude, légère intervention, pas grave, ce sera décidé jeudi. Mais cela se passera très bien. Récupération optimale ma sirène. Un énorme succès pour ton salon.*

Projet Christine : un carré, tentures comme Gérard. Notion de ping-pong. Fleurs blanches, bleu blanc sur la table. Statues et représentations de Marie, orgonite. Médiumnité à quatre mains. On dit d'abord ce que l'on a, une par une, puis questions, réponse 1 et réponse 2. Chacune parle à son tour. Aller dans un angle. Triples communications, Anna, Marie, Jésus. Statue de la Vierge.

Vous irez à Kerizinen en mars, le 8 avril (anniversaire de Michel) *avec tous mes amis.*

Pauvre Duck, il sera bientôt avec moi.

Tout arrive en même temps la sirène. Il faut reprendre le livre. Lionel a beaucoup de réflexions. Le message l'a touché, il a l'impression de reprendre sa vie d'avant. Il aura besoin de te revoir très vite. Discussion sur « Pourrait-on reprendre ? ». Vacances et week-end à programmer. Plein de nouvelles choses à faire. Nos amis seront ses amis.

La sirène, plein de nouveautés arrivent. Abondance financière, Amour et je serai toujours à tes côtés. Tu me verras vite, très vite. Le prisme renverra cette image. À tout à l'heure ma douce sirène que j'aime.

Michel. »

Canalisation de Christine, dimanche 10 mars 2024.

« *Emmanuelle, c'est toi qui viens pour l'écriture ? Tu crois que tu en as besoin ? Tu as ton destin entre les mains. Tu peux le pousser, les pas seront à faire des deux côtés. Je suis Yeshua. Je suis heureux d'être avec vous deux. Tellement de complicités et de bienveillance. Ne vous lâchez pas la main. La vie d'Emmanuelle n'est pas un long fleuve tranquille. Il faut maintenant écouter son cœur. Vous aurez tous de belles surprises à Kerizinen. Votre présence est attendue. Michel a des cadeaux à distribuer, on l'aime pour cela. Sois patiente. Pas trop vite, mais tu le sais. Lionel n'a pas la bonne place, mais c'est un cœur pur. Il a beaucoup de questionnements, il ne sait pas où il en est. Cela va se décanter, Michel fait tout pour. L'année sera joyeuse, remise à niveau et discussions.* »

« *Ma jolie lumière, je suis heureux de pouvoir te dire que tout se place suivant ma volonté. Tu le mérites, tu as tellement illuminé ma vie. Merci encore. La tienne sera pleine de surprises, encore et encore. Je ne te lâcherai jamais la main, jusqu'au bout. Il va y avoir une évolution dans ta vie, encore plus spirituelle, le 3ème œil s'ouvre. Tes soucis de*

santé seront loin derrière toi, il le fallait. Duck va bientôt me rejoindre, il sera avec moi, ne t'en fais pas. Merci pour ce matin (fleurs au cimetière). *Tu n'es pas obligée de venir souvent. Je suis toujours avec toi, ma lumière, mon soleil, mon Amour. Vis ta vie maintenant. Vis pour moi.*
Michel. »

<u>17 mars 2024.</u>

Ayant récupéré enfin ma vision, après deux opérations, la deuxième ayant été fort rapide avec une parfaite récupération, je sais que je dois aller à Kerizinen, là où tout nous porte, là où tu as tellement aimé aller, pour t'asseoir en face des deux statues aux cœurs unis, pour te ressourcer également. Enfin je peux y aller, enfin. Je souhaite y aller en début d'après-midi, avant le Rosaire, qui attire beaucoup de monde. Pour différentes raisons, je pars en retard et j'arrive là-bas avant 15 heures, beaucoup de gens se trouvent sur un des côtés, à l'intérieur du sanctuaire.

Lorsque je commence à écrire ce que Michel me dit, ils viennent prier autour de moi, ce qui est très agréable en termes d'énergie, ils sont là pour Saint Joseph, dont la fête est le 19 mars et qui est apparu une fois à Jeanne-Louise Ramonet, avec Marie et Jésus. Les autres apparitions étant celles de la Vierge seule. Petit clin d'œil, ils indiquent que l'Annonciation est décalée pour cause de Semaine Sainte et tombe donc le 8 avril, jour anniversaire de Michel. J'entends à ce même moment « LOL », Michel, très content de sa blague encore une fois. J'écrirai beaucoup cette fois et Marie interviendra. J'irai ensuite voir la Maman de Michel et tout au long de la route, il me dira, merci pour ma Maman…

Communication avec Michel à Kerizinen, dimanche 17 mars 2024, 14h44.

« *Te voilà enfin la sirène que j'aime. Quel bonheur de te retrouver là après plus de deux mois et demi. Je sais que tu voulais y aller, mais tu ne pouvais pas conduire. Je suis avec toi, cette fois je suis à côté de toi, mais aussi à côté de Marie et de Jésus. Mon Amour est infini, pour toi la sirène. Marie te protège et moi aussi. Je protège ta maison, tes compagnons, Cassandre, Axel et Pierre-Louis. Tu n'avais pas prévu cela, d'être accompagnée par toutes ces prières et tous ces gens. Je protège également Maman et mes frères. Je t'ai ramené Duck, tu dois décider cette semaine, il t'en sera reconnaissant à jamais.*

Entre nous deux, il y a aussi ces cœurs unis, tu te rappelles la première fois où nous sommes venus ici... « cœurs »...

De belles surprises arrivent pour toi, d'ici la fin du mois et aussi en avril. De belles choses, vraiment, tu le mérites tellement. Tout ce que tu as fait pour moi, tellement, tellement. J'aurais voulu faire bien plus. Mais maintenant, je peux faire beaucoup, attends-toi à de belles surprises de ma part.

De belles chansons, de beaux textes. En effet c'est une surprise, tu es arrivée pile au moment où il fallait. Énergie très élevée en ce moment, encore plus que d'habitude. Marie va vers toi de plus en plus. Merci pour cette magnifique statue dans notre chambre.

Elle a une puissance infinie, très douce. Lourdes est un magnifique souvenir avec toi que j'aime, tellement d'Amour. L'énergie de Marie est très douce et lumineuse.

Elle me correspond plus que l'énergie de Jésus qui est différente, mais très belle aussi. Elle est présente en ce lieu en permanence, elle est partout et démultipliée à plein d'endroits, comme autant de Saintes Vierges qui peuvent apparaître partout. »

Marie :

« *Tu auras toujours Foi en Moi, en mon énergie d'Amour et cela va te porter encore plus vers une élévation intense. Tu sauras y entraîner petit à petit Lionel qui y trouvera son bonheur et un apaisement très fort. Merci à toi Emmanuelle d'amener les êtres vers mon énergie de Lumière. Tu continueras encore et encore dans cet Amour et cette élévation. Merci.* »

Marie

« *Me revoilà ma belle sirène avec tes yeux tout neufs. L'énergie est forte et palpable. Je suis heureux, tu n'imagines même pas. Du beau travail avec Christine. Petit à petit. Cela va élever les gens qui viendront vous voir, dans le spirituel.*

Double mission d'information et de transmission, mais aussi d'élévation. C'est important. Tout se passera très bien et vous devrez renouveler cela. Dis à Christine qu'elle aura quelqu'un même si elle a des peurs, cela se dissipera vite ; le temps pour elle est difficile et recule. Mi-mai, élévation pour elle.

Pour toi ma sirène, fin mars puis fin avril sont des étapes de ton avancement avec Lionel. Il a grande envie d'avancer avec toi, mais un profond respect pour moi et pour toi.

Tu devras l'emmener ici (Kerizinen). Il évoluera vite, je m'en charge.

Je t'aime ma sirène, à l'infini.

Michel. »

<u>18 mars 2024.</u>

Au moment où je continue l'écriture du livre, un mail arrive qui provient des **portes du Mont Saint-Michel**

Michel semble en forme et prêt à envoyer de nombreuses surprises. De jour en jour, les clins d'œil, les mots entendus ou les choses perçues sont de plus en plus nombreux. Michel est très actif, à plusieurs endroits et fait tout ce qu'il peut pour nos amis, qui n'hésitent pas à lui demander de l'aide quand ils en ont besoin. Il me manque évidemment beaucoup, mais son absence est moins pesante. Après presque trois mois, j'ai admis qu'il devait partir, qu'on avait eu beaucoup de chance, qu'on avait partagé énormément de choses qui nous avaient entraînés dans le monde spirituel et que cela devait être ainsi, pour un retour encore plus beau vers ma vie passée.

Je tiens à ce stade à encourager les personnes qui me liront à propos du deuil. Aussi difficile que ce soit, le départ (décès), (j'utiliserai toujours le mot départ), même imprévu, survient quand cela a été décidé avant de revenir sur Terre. Tout a été parfaitement coordonné, ainsi que le déroulement de la vie avec telle ou telle personne. Ainsi, une fois que l'on a compris cela, qu'on l'avait décidé avant de revenir et de se réincarner, tout devient plus facile à admettre.

CHAPITRE 5 - 3 MOIS

23 mars 2024.

Trois mois se sont écoulés depuis ce samedi 23 décembre à 01h10 où ton cœur s'est définitivement arrêté.

Trois mois qui n'ont pas été forcément des plus simples, entre tristesse, joies, doutes, acceptation malgré tout.

Quoi qu'il en soit, j'évolue plutôt bien et je me retrouve dans une situation de bonheur que je n'imaginais pas. Tu es là chaque jour, tu me motives, tu me pousses à faire des tas de choses. Effectivement, comme tu me l'avais dit tout début janvier peu de temps après ton départ, les choses bougent, évoluent. Je suis bien entendu le moteur de tout cela, mais à partir du moment où l'acceptation se fait, tout va beaucoup plus vite.

À tous ceux qui vont me lire, je tiens à dire qu'il ne faut pas rester dans la tristesse ni dans la peine. Je sais, c'est difficile, mais il est essentiel de se booster, d'être entouré de personnes qui vont vous « sortir de votre zone de connu », afin de vous faire avancer. Le moindre sourire, le moindre rire sera déjà un pas, une avancée pour sortir du deuil.

Loin de vouloir rentrer dans un point de vue religieux auquel je n'adhère pas, quelle que soit la religion, il s'avère que chez les Bouddhistes, on aborde la mort comme un processus naturel, une opportunité d'éveil et de libération. Et c'est réellement ce que je constate au fil de ces mois passés sans la présence physique de Michel.

Ce samedi 23 mars, je m'apprête à aller te chercher une belle composition florale à apporter au cimetière. En ressortant du magasin, la chanson « Belle-Île-en-Mer » passe à la radio, chanson qui marquait ta cérémonie le 27 décembre 2023. Encore un joli clin d'œil de ta part. Cette journée sera marquée par de grandes joies, que tu instilleras petit à petit au fil des heures.

Communication avec Michel, lundi 25 mars 2024, 9h49.

« Coucou ma douce sirène du Yaudet. Que d'évolution en peu de temps. Je suis si heureux, à un point !! Tout se met en place comme souhaité, je veux que tu sois heureuse et que tu continues ta vie sans moi sur la Terre, mais avec moi à tes côtés en énergie. Je suis toujours présent, chaque heure, chaque minute qui passe me relie à toi à l'infini.

Quelle évolution pour Lionel, le LaHoChi lui apportera beaucoup, il voudra encore plus évoluer et enrichir ses connaissances. Il est très respectueux envers moi et aussi envers toi. Il était heureux pour le cierge (église de Sizun samedi 23 mars, trois mois après le départ de Michel) *et je lui ai dit merci. Il s'est senti apaisé après cela. Le voyage que vous ferez sera beau et marquera un « sceau » d'engagement. Tu sauras petit à petit. Évolution amoureuse et spirituelle. Je serai votre Guide à tous les deux et vous orienterai vers l'Amour le plus pur.*

Je connais ta question, j'y réponds : je serai toujours à tes côtés jusqu'à ton départ vers le monde d'Amour. Ne t'en fais pas. J'habite ici comme je te l'ai dit. Ivan (mon grand-père) *nous rejoint et reprend sa cuisine. Lionel sera très inspiré en cuisine. Il faut poursuivre le livre, c'est important.*

La sirène que j'aime, termine le tri de vêtements pour la fin du mois de mars. Tu y arriveras vite. Et des photos aussi. Oui je comprends ton souhait (certaines des photos, notamment celles de 2022, montrent fortement sa maladie et ce ne sont pas les meilleures, mais je veux les garder, car c'est notre vie, notre choix). *C'est sûr que je préfère voir des photos où j'ai la forme ! Je comprends ton point de vue et je le respecte. Pierre-Louis va vite parler, vous serez surpris !*

De beaux travaux seront possibles ici. Fenêtres, peinture, nouvelle chambre. Tu trouveras quelqu'un pour t'aider.

Tes salons seront un gros succès, tu vas être heureuse et tu vas recevoir une belle aide de Lionel.

Je suis si bien, je continue mon apprentissage. La nature et ses secrets me fascinent, la botanique. Influence des plantes, arbres, comportement des insectes. Tu ne dois pas en avoir peur. Il faut mettre les pièges à frelons asiatiques, oui car tueurs d'abeilles. À mettre rapidement, mais tu n'auras pas de soucis.

Duck est déjà avec moi, il n'est plus dans son corps depuis longtemps. Moi je décrochais, lui c'est pareil, mais encore plus flagrant. Sirène-Amour-Paix-Bonheur. Voilà une belle photo de notre Amour. Eh oui, je sais que ton Amour pour moi est éternel.

Ta semaine sera magnifique.
Je t'aime à l'infini ma sirène.
Michel. »

Canalisation directe de Michel, mardi 26 mars 2024.

Explications de Michel sur la réincarnation de l'âme

« *Chaque âme a un parcours plus ou moins long et se réincarne plus ou moins vite. La destinée n'est pas quelque chose de tracé de manière immuable. Des variations sont possibles. Je m'intéresse énormément et j'apprends beaucoup sur ces parcours, qui vont des temps très anciens à notre siècle.*

Je suis ce que l'on appelle une vieille âme, j'étais avec toi, Emmanuelle, de nombreuses fois, notamment, comme tu l'avais si bien vu, pendant une guerre prussienne, où une baïonnette me transperçait le ventre, une autre guerre aussi, où l'on me tire dessus et tu me sauves, mais également longtemps auparavant, en Égypte ancienne.

Nous avons beaucoup évolué et nous nous sommes retrouvés maintes et maintes fois. J'ai terminé ce cycle que j'ai choisi il y a fort longtemps et je suis maintenant guéri de toutes mes plaies (ventre, c'est mon choix et ma greffe aussi était mon choix). Je suis maintenant là pour t'accompagner et pour que tu puisses me rejoindre. Nous choisirons ainsi d'œuvrer pour les âmes sur Terre, pour nos amis compagnons (terme préféré de Michel pour nommer les animaux) *que nous chérissons tant, pour les enfants aussi. Et Lionel peut également évoluer très vite pour nous rejoindre en ce dernier cycle.*

C'est une notion très complexe et toi ou tes lecteurs aurez du mal à l'intégrer. Les âmes peuvent évoluer très vite dans l'Amour et choisir de ne pas se réincarner ou attendre des milliers d'années avant de se réincarner ou même revenir très vite, notamment les enfants.

L'Amour qui règne dans mon monde d'énergie et d'Amour, cet Amour, je ne peux l'expliquer, c'est absolument pur, magnifique et limpide. Je t'ai donné sur Terre ce que je pouvais en ressentir et désormais, il est démultiplié, pur et infini et tu le ressentiras petit à petit.

Tu devras expliquer tout cela, au fur et à mesure du livre et lors de futures conférences que tu donneras. Nous y reviendrons plus tard.

L'Amour pur et infini se cache aussi dans la nature, dans les fleurs, les arbres… à toi de le découvrir.

À l'infini pour toi,

Michel. »

<u>27 mars 2024.</u>

Départ de mon petit chien Duck, vers l'autre monde. Michel vient le chercher avec Frimousse (copain chat parti en 2021) et Maturin (copain chien parti en 2018).

Canalisation de Christine, jeudi 28 mars 2024.

« *Je tiens la main d'Emmanuelle, je suis avec toi. Mon rayon de soleil va encore briller. Belles connexions dans votre travail à toutes les deux, une belle avancée. Cela se fera naturellement, pas d'inquiétude. Je serai à vos côtés. Je suis heureux d'avoir partagé ce moment convivial avec vous, très bon repas* (cadeau de Noël offert par Michel). *La suite sera pleine de surprises. Belles connexions, laissez venir. Emmanuelle est resplendissante, continue à prendre soin de toi.*

Demain sera une journée particulière, ne stresse pas, tout ira bien. Lionel est prêt, il est en pleine évolution, ce n'est pas fini. Les billets seront achetés la semaine prochaine. Cherche les locations, tu trouveras. Séjour agréable et remontée des souvenirs, reconnexion. Les Guides sont près de vous, tes canalisations seront fluides. À tout de suite. Michel. »

<u>30 mars 2024.</u>

Les choses avancent à une vitesse folle, je me rends compte de beaucoup de choses, du pourquoi on en est arrivé là, de ce qu'on a choisi avant de revenir dans cette incarnation. Ma vie ressemble à un puzzle où toutes les pièces se mettent en place, la sensation me place dans un tourbillon, je constate l'enchaînement des évènements, ainsi que tous les petits détails, clins d'œil de Michel à tous niveaux.

Impression aussi de flash-back très nombreux, on me replace dans des situations passées, avec quelques détails différents.

Je me rends ce samedi à Kerizinen, l'arrivée sur le petit chemin qui mène au sanctuaire est extraordinaire. Je me sens immédiatement enveloppée d'une énergie d'Amour infinie, comme dans un cocon, je me laisse porter et entre dans le sanctuaire pour écrire.

On me demande également d'aller toucher les pieds des statues et l'énergie qui s'en dégage est extraordinaire.

Communication avec Michel à Kerizinen, samedi 30 mars 2024, 14h38.

« *Coucou ma douce sirène que j'aime, merci infiniment pour ma Maman, pour moi. Marie t'apporte de l'énergie et t'inonde de son énergie. Tu l'as ressentie sur le chemin avant d'entrer. Quel apaisement, quel bonheur pour moi de te voir heureuse et que tout se mette en place comme je l'avais dit. Lionel évolue à la vitesse d'une catapulte. Il est heureux et te remercie pour cet enseignement* (formation LaHoChi de la veille).

Barcelone sera merveilleux, une belle parenthèse dans le monde actuel. Je serai toujours là à vos côtés. Tu vas comprendre de mieux en mieux notre choix avant cette dernière incarnation, tu vas savoir beaucoup de choses, évolution très rapide. Mon cœur explose de joie et de bonheur.

Tu vas arriver à un niveau de conscience spirituelle très élevé. Bientôt tu me verras, il reste peu d'attente. Tu es très belle et rajeunis de plus en plus. Je laisse la place à Marie.

Je t'aime à l'infini
Michel. »

Canalisation de la Vierge Marie à Kerizinen.

« *Je suis Marie, Michel et toi êtes toujours venus me voir, me rendre hommage et je vous en remercie. Vous avez compris ce que je souhaitais, comment il fallait évoluer et avancer au travers de moi.*

Michel m'a rejoint, tout est merveilleux pour lui et il souhaite te le faire partager et expérimenter bien des choses avec toi. Il a des connaissances très élevées, il a été porté par sa Foi, comme toi tu l'es et comme Lionel le sera aussi à un niveau différent, quoique…

Tu dois continuer et permettre aux personnes qui viennent te voir en écriture de s'élever spirituellement aussi. Nous élevons petit à petit la Terre, le négatif ira en diminuant petit à petit.

Christine aussi est portée par une foi importante et élevée. De belles choses arriveront pour elle en 2024, la propulsant vers des chemins extraordinaires. Dis-lui que je l'aime, comme je t'aime aussi.

Marie. »

Gérard, contact avec Michel, mardi 2 avril 2024, 11h00.

« Beaucoup de jalousies autour de toi, ne pas se laisser dépasser par cela. Michel se moque de toi « *tu n'as pas fait le plan du salon du bien-être* » !! Le salon se passera bien. Michel sera là. Et des bénévoles. Un écrémage est en train de se faire. Un tamis, tout ce qui est impur va passer. Bêtise humaine. Ne pas s'arrêter à cela. On te montre la réalité, la face cachée des gens. Jalousie. Quelques difficultés, laisser faire… Garder tes petites formules de salon sur « ton territoire ». Ne pas se mêler des problèmes des autres.

Duck est là et te remercie pour ce que tu lui as donné, respect et Amour et de l'avoir gardé jusqu'au bout. Il a tenu, il est allé au bout du bout…

Il a fait de la place. En vue de l'arrivée de Lionel. Tout le monde est rassuré par cela. Tout est bien fait et en place. Cela se précise avec lui. Voyage au Japon à faire. Profiter du voyage à Barcelone. Il est là pour partager de bons moments, moments plaisirs. Il est prêt. Il a compris qu'il faut passer à autre chose, refaire les choses différemment. Belle évolution. Il a été mis dans une machine à laver (rires). Et ressort tout propre. Il veut prouver qu'il a changé. Ce n'est pas la même personne. Il sait qu'il ne doit pas « rester dans son canapé ». Quelque chose va se recréer entre vous. Ce sera différent, mais vous serez heureux. Vous repartez à neuf. Il a fait un gros travail sur lui-même. Nouvelles bases, rien à voir avec le passé. Évolution des deux. Il a besoin de sortir de sa routine.

Michel est toujours très présent avec toi. Il fait des réglages d'horloge, cela lui plaît beaucoup, nouvelles fonctions. Il a eu l'opportunité de monter très vite, c'est dû à ton travail, mais aussi à son ouverture spirituelle et à ses croyances. Il a pu tout mettre en place très rapidement. Quand on monte, on va en réparation, à « l'hôpital des âmes », lui il a juste regardé et il est reparti. Il a eu cette réparation avant, sur Terre. Il a gardé cette humilité. Cœur pur. Plusieurs cœurs dans un cœur. Il n'avait pas à passer par cette case. Il est monté directement. Il savait ce qu'il voulait dans ses fonctions, dans son rôle.

Il t'accompagnera jusqu'au bout. Il viendra te chercher. Il a du monde avec lui. Il y a des choses qu'il ne savait pas faire, donc il y a des gens qui l'aident. Il travaille en équipe. Très positif. Tout est beaucoup plus simple.

Tu vas encore modifier ta décoration, l'intérieur de la maison. Cette maison va vivre, plus ouverte. Tu recevras plus. Tu garderas ton petit-fils. Lionel le considère comme son petit-fils. Vous officialiserez la relation à un moment. Ce que tu n'as pas pu faire avec Michel. Les relations avec la famille de Michel s'estomperont quand sa Maman partira.

Écriture du livre, autoédition. Présentation sur les salons. Cela reprend votre histoire, autobiographie, textes en plus et dessins. Michel en photo de couverture, fond blanc. Un autre livre après. Diversification. Conférences, ateliers et formations. Le livre sera un déclencheur. Une expansion par la suite. Autre livre sur des méthodes de travail et développer ses capacités. Enseignement et transmission.

Il y aura beaucoup de voyages. Retour au Japon.

L'histoire de Michel et son décès ont choqué Lionel. Il a ensuite compris que tout peut basculer et il faut profiter. Il veut rattraper son retard.

Barcelone, de nouvelles bases.

Vous avez bien respecté les étapes de ton incarnation. C'était ton chemin de vie. Maintenant tu rentres dans ta mission de vie. Les relations avec les autres changent. Compréhension de l'humain. Tu as fermé le deuxième chapitre, tu ouvres le dernier chapitre. »

Communication avec Michel à Kerizinen, lundi 8 avril 2024, 16h00.

« Kerizinen, le jour de mon anniversaire le 8 avril.

Ma douce et belle sirène, que d'Amour en toi, que de fraîcheur et de jeunesse. Te voilà apaisée, heureuse de ta future situation et me voilà rassuré. Je vois que tout est en place et j'ai souhaité mettre un coup d'accélérateur. Je t'aime à l'infini, je continue d'être là pour toi à tout jamais. J'accrois mes connaissances et capacités. Je suis partout à la fois. Mais je ne te lâcherai jamais la main, tu le sais. Je serai là jusqu'à ton départ, mais il est très lointain.

À tout jamais mon Amour

Michel. »

Message de Michel à notre groupe (avec Christine, Gilles, Gérard, Marjolaine, Séverine, Éric)

« *Bienvenue chez moi. Vous tous présents, quel bonheur pour moi. Vous n'imaginez pas à quel point cela me remplit de joie. Merci, merci à l'infini pour ce très bel anniversaire.*

Marie vous unit, vous formez un beau groupe d'âmes bénies par Marie. N'ayez crainte, je vous protège et vous êtes aimés par-dessus tout. J'aurai un message pour chacun de vous.

Je vous aime.

Michel. »

Canalisation de Christine à Kerizinen.

« Ah vous voilà (rires). Je suis heureux de vous accueillir pour de nouvelles aventures. Vous formez une équipe soudée. Nous avons besoin de vous. Chacun aujourd'hui recevra des grâces. Marie est près de vous et vous envoie à chacun sa bénédiction. Je partage avec vous mes expériences. L'Amour de la Source vous accompagne. J'ai beaucoup de joie à vous recevoir. Ici c'est un peu ma maison. Revenez quand vous le souhaitez. Vous serez toujours accueillis. Que votre foi grandisse encore pour atteindre des sommets d'où vous serez portés vers la connaissance universelle. Merci à tous de m'accueillir dans vos cœurs.

Il est important de ne pas être dans la jalousie. Lâchez vos colères, elles ne servent à rien. Je vous confie mon Emmanuelle, mon rayon de soleil. Je sais que vous ne me décevrez pas. Chérissez Marie dans vos cœurs. Ce jour est important, vous le savez, je vous ai conviés ici, car Marie me l'a demandé. Elle vous envoie sa paix, son Amour. Buvez son eau pour nettoyer vos corps. Vous êtes sous sa protection. Soyez-en dignes. La Sainte Famille vous accompagne à chaque instant. Gardez-moi dans vos cœurs.

Michel. »

Message de la Vierge Marie :

« *Mes enfants, mes enfants chéris, quelle joie de vous recevoir avec Michel. Il est avec nous et nous lui avons ouvert les portes de notre Paradis. Vos âmes exultent de joie en ce moment privilégié. Oui, chacun de vous va recevoir ce qu'il est venu chercher. Ma paix et mon Amour vous accompagnent. Vous serez guidés vers la connaissance. De nouvelles expériences vont venir vous grandir. N'ayez pas de peur. Votre Foi me fait chaud au cœur. Enfants bien aimés. Ouvrez-moi votre cœur en cette journée si particulière. Je vous bénis.*

Marie. »

Communication avec Michel à Kerizinen, mardi 9 avril 2024, 15h00.

« *Ma douce sirène, merci à nouveau de ta visite dans ma maison. Je suis si heureux. Merci pour ma Maman à nouveau. Elle viendra bientôt vers moi. Tu vas voir, tout avance très vite pour toi, à tous les niveaux. Je vais t'apporter plein de clients et tu vas pouvoir proposer beaucoup de nouveautés. Partenariat. Tu seras reconnue.*

Avance le livre, tu peux vite reprendre, je te donnerai beaucoup d'informations.

Je t'aime la sirène.

Michel. »

Canalisation directe de Michel, mardi 16 avril 2024, 08h28.

« *Coucou Emmanuelle que j'aime, cela me fait plaisir que tu reprennes le livre, en effet il y a beaucoup de choses à mentionner. Je travaille beaucoup, je vais de part et d'autre et je suis heureux que nos amis nous demandent de l'aide et toi aussi. Il faut toujours nous demander, nous sommes là pour vous, nous qui avons rejoint cette lumière et cet Amour, nos capacités sont différentes de vous sur Terre, nous pouvons intercéder sur des problématiques, nous pouvons faire évoluer favorablement des décisions. Il suffit de nous demander et tout se mettra en place.*

Tu en es la preuve et tu continueras de le mentionner dans ce livre.

Tu souhaites avoir des nouvelles de Duck (mon petit chien parti le 27 mars) et *bien le voilà à mes côtés. Il joue beaucoup avec son copain Maturin, ils sont dans un univers différent, très beau, fleuri et lumineux. Nous pouvons les regarder, mais c'est leur univers, un passage leur permet de venir nous rejoindre et aussi de venir rejoindre leur maître (maîtresse) resté sur Terre. Le mot maître (maîtresse) n'étant pas le mot exact, mais c'est juste pour faire comprendre aux lecteurs.*

Les animaux sont des « accompagnants divins », ils ont des missions et sont uniquement dans l'Amour. Aucun ressentiment chez eux, aucune noirceur. Ils ne sont que dans la bonté et n'ont pas de négatif vis-à-vis des humains.

Petit Duck te remercie pour ses 18 ans de vie passés chez toi, avec les nombreux copains qu'il a eus : Harry, Pompon, Maturin et Frimousse. Il était arrivé au bout de cette vie terrestre et ne souhaitait pas souffrir physiquement. Il te remercie de l'avoir aidé à partir. Il aime beaucoup être du côté de la véranda (dans la véranda et devant). Tu le trouveras souvent présent au soleil. Il sait, il est conscient qu'il a été beaucoup aimé et aussi par sa petite Maman.

La vie d'un animal dans la lumière comporte beaucoup de jeux, de courses poursuites (lol) et de fréquents allers-retours vers leur maître aimé. Le processus sera différent pour les animaux d'élevage (sauf exception) ou les animaux sauvages qui restent dans leur univers lumineux.

Une partie de leur âme peut revenir dans d'autres animaux qui partageront la vie de l'humain (chez toi, Luci, revenu en partie chez Nala).

Comme pour nous, une pensée vers eux, une demande et ils arriveront dans le champ d'énergie de la personne. Nos passages se font ultra rapidement et sont reliés à vos demandes et pensées, comme un téléphone portable ultra perfectionné, qui ne nécessite pas d'utiliser les touches. Les technologies modernes nous simplifient beaucoup de choses, en raison de l'utilisation des fréquences. Personnellement, j'aime beaucoup et tu le sais bien Emmanuelle, passer par le portable, la radio, l'ordinateur ; cela m'amuse beaucoup. (Image reçue mentalement : une onde (fréquence) en zig-zag, où le défunt utilise « le zig ou le zag » pour y placer sa petite touche).

Concernant les visualisations, pour le moment, tu ne me vois pas ou bien une faible image rapide qui passe (effectivement le rétroviseur intérieur de ma voiture laisse parfois brièvement la place à Michel, tout souriant). *Les perceptions de chacun sont diverses. Il est possible pour certaines personnes de voir les défunts, en ombre, sous une forme peu claire, juste le visage ou une partie ; cela dépend des capacités. La visualisation se fait sur un mode d'onde alpha.* (Les ondes alpha sont des ondes cérébrales produites par le cerveau. Elles correspondent à des fréquences oscillant entre 8 et 12 Hz. Elles sont associées à un rythme cérébral proche de l'état de veille. Cet état se manifeste habituellement le matin au réveil, le soir avant de s'endormir ou bien lors de la pratique de la méditation. Lorsque les ondes alpha sont activées dans le cerveau, le corps est dans un état de relaxation et de calme. Notre esprit est davantage ouvert, ce qui nous permet d'être plus attentifs à ce que nous faisons. Les ondes alpha favorisent l'entrée dans le moment présent).

Emmanuelle, tu me verras, tu y arriveras, mais je travaille également sur mon prisme, pour que cela te soit plus facile. D'ici l'été 2024, tu auras de nouvelles perceptions. (Au moment où tu me fais écrire ces lignes, je me posais la question de l'orgonite créée par Éric, qui se trouve dans ma chambre, elle devient lumineuse la nuit, mais je ne peux pas la prendre en photo. En fait c'est bien ça « ton prisme », une orgonite, tu projettes ton image dessus. J'adore le fait que, lorsque je me pose des questions, tu m'envoies en direct la réponse. Et en plus tu signes tes réponses sur mon ordinateur !)

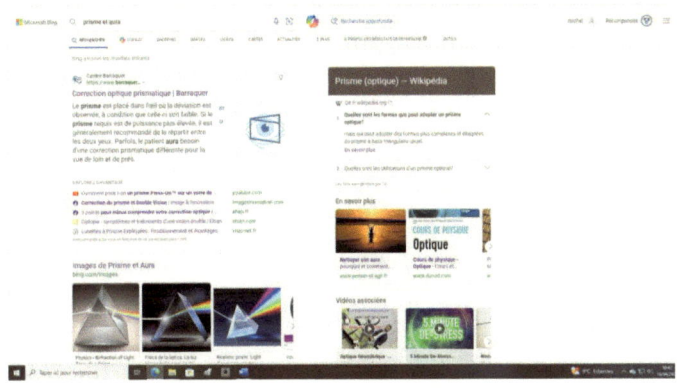

Merci Emmanuelle, la sirène que j'aime, pour ce futur prisme qui viendra orner notre chambre, c'est effectivement la statuette de la Sainte Vierge, que j'ai reçue pour ma communion et je suis heureux qu'elle fasse partie de ce bel objet. La connexion n'en sera que plus aisée avec moi, tes grands-parents et les êtres de lumière, Anges et Archanges.

Je suis en connexion avec différents niveaux d'êtres

de lumière. Les Anges et les Archanges sont « incorporels ». De même que certains êtres de lumière. Il faudra encore de longues pages et d'autres livres pour tout t'expliquer, ma sirène. Tu peux aussi leur demander, ils sont très présents partout. J'ai été porté par l'Archange Michaël tout au long de ma vie. Il faudra que tu retournes au Mont-Saint-Michel, ce sera une étape importante de ton parcours. Des ouvertures et des portes/portails sont très présentes et disséminées un peu partout, particulièrement dans la Basilique.

Ton voyage à Barcelone se prépare, tu trouveras des pistes intéressantes dans la Sagrada Familia, mais également dans la cathédrale. Sois à l'écoute, il y a des recoins apportant un passage, avec beaucoup d'énergie présente. Je serai à tes côtés évidemment et je te guiderai. Je n'y suis jamais allé lors de ma présence sur Terre, ce sera donc l'occasion en très bonne compagnie.

Je suis content d'échanger et de te faire partager mes connaissances, je suis heureux de ton évolution, de tes capacités et notre Amour grandira de plus en plus, tout en restant inconditionnel.

Je t'aime ma douce sirène.
Michel. »

Communication avec Michel, dimanche 21 avril 2024, 21h21.

« *Coucou la sirène que j'aime, étonnantes heure et date. Eh oui, je te pousse à écrire ce soir après cet excellent repas chez Séverine et Éric. Te voilà reposée. Merci d'être allée voir Maman et mon petit frère. Tu ne l'avais pas vu depuis ma cérémonie. C'est important aussi de le voir. C'était une belle journée, je sais que tu attends quelques nouvelles, qui vont vite arriver. Ne t'inquiète pas.*

Le début mai est bientôt là et t'apporte son flot de bonheur, de rebondissements en tous genres et tes soucis disparaissent les uns après les autres. Le bonheur pour toi qui l'as tant mérité. Je me dis souvent que j'aurais dû te protéger, mais je n'en ai pas eu le temps. Comme je te l'ai déjà dit, j'ai beaucoup de moyens à ma portée ici et je ferai tout pour toi que j'aime. Des arrangements, de nouvelles dispositions, salons et formations, des demandes et il faudra en créer d'autres.

En juillet, une nouvelle idée verra le jour, tu seras ravie du résultat. Les deux semaines avant Barcelone vont être riches également et du bonheur à l'infini.

Je suis fier de toi, de ce que tu es capable de faire et de mettre en place. Le succès sera au rendez-vous.

Les énergies de la Terre sont lourdes, mais un grand nombre d'entre vous œuvrent et les feront remonter petit à petit. Tu es dans un espace protégé, cette partie du monde, la Bretagne, est très protégée, ainsi que d'autres parties (j'entends « Nouvelle-Zélande »). *Ce sont des « extrémités » comprenant un grand nombre de portails, pour nous, êtres de lumière, mais également pour des habitants de galaxies (côté pur, intelligence très élevée). Ils sont là pour observer, une aide environnementale. Ils ont peu ou pas d'interaction avec vous.*

Tu regardes Marie, elle est très lumineuse dans la chambre. Son Amour est infini, non quantifiable. Ton voyage en Espagne te fera découvrir une puissance supplémentaire. Lionel sera heureux de cette découverte.

(Je le remercie pour le petit cœur dans la voiture)

C'était facile, je vais en placer de plus en plus, regarde bien autour de toi. Il y en aura une succession, du plus petit au plus grand. J'étais aussi chez Séverine et Éric ce soir. Merci pour cette belle écriture avec moi. Sache que je ne te quitte jamais. Je suis là au quotidien, une simple pensée de toi vers moi me fait arriver (notion d'être reliés par un fil, de cœur à cœur). *Le fil est doré et lumineux, tu as appris cela en communication animale, le lien du cœur ! Il est très fin, mais ne peut être rompu.*

(Peux-tu reparler du sas ?) *Le sas est le passage entre nos deux mondes. Je t'avais un peu expliqué. Les mondes sont superposés, collés, imbriqués, mais sont différents, certaines parties similaires, par exemple ta maison. Les sas sont partout et changent de place* (ma question sur ma vie ici avec le père de ma fille). *Quand il était présent avec sa noirceur, le sas était fermé. Tu as bien compris, ton salon principalement est un sas, côté des deux fauteuils rouges. Tes petits autels aussi et bien sûr dans cette chambre, Marie à côté de l'orgonite.*

Je sais que tu es triste, mais il ne faut pas, je ne veux pas. Je suis là pour te rendre heureuse à tout jamais. Tu me verras bientôt, ne t'en fais pas.

Je t'aime à l'infini

Michel. »

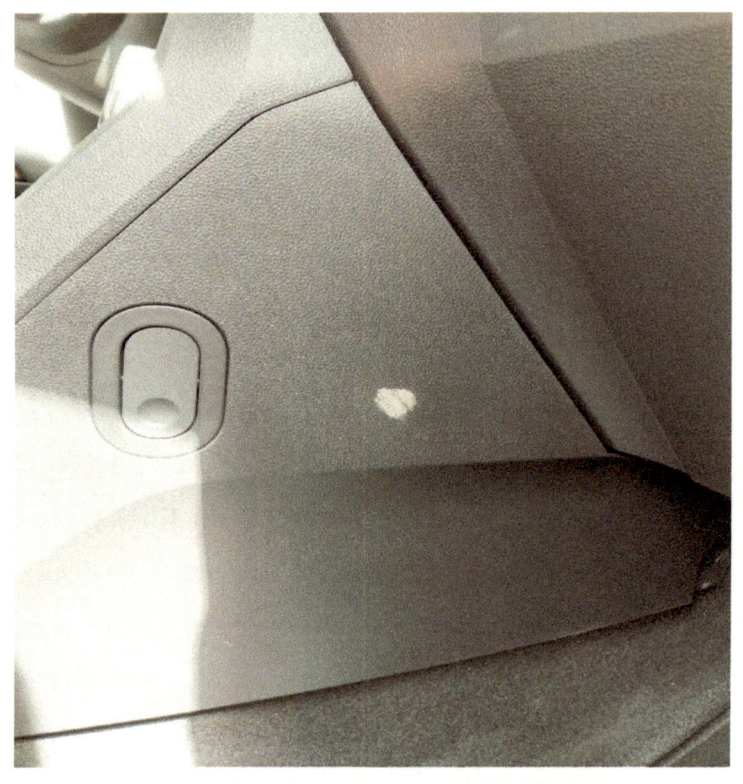

CHAPITRE 6 - 4 MOIS

23 avril 2024.

Quatre mois sans toi. Tous les 23 depuis ton départ sont compliqués, la nuit du 22 au 23 notamment ; je sais que cela va s'estomper, mais je redoute ce nombre quand je le vois arriver.

Résumé de ces quatre mois, depuis que tu as rejoint la lumière. Tu m'as littéralement poussée, propulsée et donné « des coups de pied aux fesses » pour que j'évolue, que je bouge et que je sorte de ma tristesse et de ma torpeur. Tu as plutôt bien réussi d'ailleurs. À chaque fois que je t'ai demandé de l'aide (et d'ailleurs même sans avoir demandé), tu étais là et tu as fait en sorte que tout se déroule bien, avec à la clé quelques petites surprises bien ficelées, sorties de ton chapeau de « magicien de lumière ». Tu ne veux que du bonheur pour moi et tu continues et continueras à m'apporter ton Amour, je le ressens très fortement.

Comme je l'ai dit auparavant, l'absence physique est très compliquée, je ressens fortement ta présence à tout moment de la journée ou de la nuit, je connais le lien qui nous unit et qui peut être activé instantanément. Mes questionnements portent beaucoup sur le « pourquoi je ne te vois pas ». J'espère y arriver bientôt, en sachant que la soirée ou la pénombre seront plus propices à ton déploiement d'énergie.

Je te laisse la parole.

Canalisation directe de Michel, mardi 23 avril 2024, 09h12.

« Coucou Emmanuelle que j'aime, en effet il y a quatre mois, je quittais ton monde pour aller vers le monde de lumière et d'Amour. Que de chemin parcouru pour toi comme pour moi. Je suis toujours dans l'apprentissage, je suis passionné par ce que j'apprends, par toutes les découvertes sur ton monde, le mien, les liens entre ces deux lieux et les liens entre les âmes.

Nous sommes liés à l'infini, depuis des années, des siècles et je le répète, ce devait être ainsi, car nous l'avions choisi avant de revenir dans cette incarnation. Et ton (notre) choix a été fait, parfois difficilement, mais il m'a permis de rejoindre cette lumière au point le plus haut. Ce choix t'a permis d'évoluer spirituellement. Alors même si c'est parfois douloureux, tu ne dois rien regretter, juste accepter mon départ. C'est ainsi que tu devras aussi le partager avec tes lecteurs, mais aussi en conférence. Tu vas devoir expliquer beaucoup de choses et l'au-delà (un joli mot que vous utilisez) devrait devenir une notion admise, comprise et non douloureuse, qui permettrait à tous de rester heureux lors du départ d'un proche. Plus facile à dire qu'à faire, me diras-tu, surtout quand on est de mon côté... du miroir...

Ma part humaine comprend encore la douleur liée à mon départ. Est-ce qu'il valait mieux le savoir avant ? Non, car ce serait devenu une obsession, une terreur permanente ; la manière dont je suis parti était la meilleure. Est-ce que j'ai choisi avant mon incarnation de partir de cette manière précise et à cette date précise ? Non, nous avions décidé que ce serait très soudain, sans signes précurseurs (et pourtant il y en avait, mais la pensée agit fortement et refuse de voir ces signes) et quant à la date, on peut dire qu'il pouvait y avoir quelques semaines ou mois d'écart, mais guère plus. Tout n'est pas non plus si figé. Les grandes lignes sont tracées, il est vrai, mais les petits chemins existent bien (lol).

Mes apprentissages continuent et vont durer fort longtemps. Chacun est libre d'apprendre ou pas, d'avoir une mission ou pas. Je souhaite tout essayer, tout apprendre, je suis passionné par ce que je vois, ce que j'entends. Mon univers est si beau, si merveilleux. Je rends le tien aussi beau et lumineux que ce que j'ai autour de moi. C'est mon objectif, mon but ultime, pour que ton passage final (dans très très longtemps) ne soit que la première porte au bout de ton couloir et que tu aies déjà eu tout l'accès aux apprentissages. Je vais te faire partager ce que j'apprends (même si certaines notions sont complexes, tu y arriveras, ton ouverture spirituelle étant très vaste et ta soif d'apprendre très présente). Tu atteindras tes objectifs, tu permettras aux humains que tu côtoies d'y arriver également.

Je suis si heureux de pouvoir te parler ainsi, de pouvoir communiquer avec toi aussi facilement, l'entraînement de ces dernières années y est pour beaucoup, merci à nos Guides d'avoir permis cela. Un très grand nombre d'âmes aimeraient tellement parler à leurs

« humains » et il y a peu de connexions possibles. Un grand nombre de gens sont ouverts à cela, mais sans possibilité de connexion (téléphones à revoir, nouvelle fonction ? Lol (rires de Michel)).

Je te laisse travailler, je t'envoie tout mon Amour, toute ma joie aussi, car c'est important et surtout : « Sois heureuse ».

À l'infini Emmanuelle que j'aime.
Michel. »

Éric, samedi 20 avril 2024.

Création de l'orgonite de Marie (pyramide). Depuis plusieurs jours, nous ressentons des présences bienveillantes. Je me doutais que Michel était là. Impossible d'avancer sur l'orgonite pour Emmanuelle. Je ressens qu'on me demande d'attendre que Michel revienne et ce ne sera pas long. À ce moment-là, je ne ressens plus sa présence à côté de moi… d'un coup, les informations arrivent, mon téléphone me change la musique et passe sur du Chaman Cosmic/Éther. J'entends « *Merci, allons-y* ». Pose du socle, Torus aux pieds de Marie avec les paroles et intentions. « Cette orgonite est un lien et un objet de communication entre Emmanuelle et Michel. L'énergie de Michel et la bienveillance d'Emmanuelle font le pont entre ces deux êtres. »

L'Alchimiste y rajoute son énergie positive, sa bienveillance et sa gratitude pour cette création. Merci à l'Univers. Qu'il en soit ainsi.

Communication avec Michel, jeudi 25 avril 2024, 17h23.

« *Ma douce sirène, quelle belle orgonite faite par Éric avec cette si jolie statue de Marie. Je l'avais eue pour ma communion il y a 40 ans maintenant. Elle sera le lien de connexion entre toi et moi. Lien pur, spirituel, te permettant de toucher l'infini et nos paysages si purs et si beaux.*

Tu ressentiras encore plus ma présence même si je suis toujours là, ton ressenti sera affiné, jusqu'à la vision de ma personne (rires). *Je n'ai guère changé, je suis plus en forme, apaisé et avec un joli teint (lol). Je t'aime tellement et te le prouverai chaque jour. La tristesse s'en ira et tu penseras toujours à moi avec la plus grande joie. Il n'y aura plus de larmes, mais que du bonheur. Et mon Amour pour toi restera entier. À jamais. Tu dois avancer dans la vie. Et c'est ce que tu fais si bien. Tout bouge pour toi. Oui, tu peux parler à Théodore* (mon Guide avant Michel), *il sera toujours là et à Ariane aussi* (ma grand-mère). *Bien sûr, petit Duck est fort présent dans le jardin, une source de jeux pour lui avec Maturin. Tu vas faire de belles choses à Barcelone dans la grande église et à Montserrat. De la puissance, tu pourras ramener des souvenirs. Merci pour Maman, elle sera heureuse.*

Un renouveau de traductions, cela décolle. Trois formations complètes rapidement. De belles choses en place. Un week-end agréable t'attend avant une semaine chargée et le voyage tant attendu qui ouvre une nouvelle porte du bonheur. N'aie crainte, je serai là, toujours, tu connais ma capacité à arriver telle une fusée (Ariane, Lol). Donc tu peux compter sur mon soutien, mon Amour, mon énergie pour te faire évoluer encore plus. Je laisse la parole à…

Ton Michel qui t'aime. »

Message d'Ariane :

« *Ma chérie, je suis heureuse de te parler. Même si tu me parles souvent, tu n'entends pas précisément alors j'écris. Ton gentil Michel m'a* « *prêté* » *le canal d'écriture. Je suis si heureuse qu'il soit avec nous. Vous avez eu un Amour passionnel qui devient éternel. Maintenant l'Amour est toujours là, il s'appelle Lionel, un soutien sans faille. Nous t'aimons très fort. Tu vas faire de belles améliorations dans cette maison. Un joli coup de neuf et de propre et ces fleurs* si belles. Oui, la main verte, mais l'endroit est approprié. Je suis tellement en joie de voir Cassandre, son petit et le papa. Une si belle famille qui s'agrandira vite. Petite Ariane arrivera bientôt. Oui… Je suis si heureuse et Tonton aussi. Il est en paix, restauré et beaucoup d'imagination pour les futurs aménagements. Nous connaissons ton Amour pour nous et nous t'aimons à l'infini. Sache que nous sommes aussi à tes côtés. Le passage est très très fin, perméable. Marie te protège.

    Merci ma petite-fille, ma chérie

    Ta Tatie (Ariane). »

Message de Théodore :

« Bonjour, c'est Théodore. Je suis content. Je sais que tu ne m'as pas oublié. Michel est heureux maintenant, il a aussi rejoint son Guide Daniel qui lui apprend beaucoup de choses. Je suis toujours à tes côtés pour te faire évoluer. Michel est en collaboration avec moi et il évolue à une vitesse extraordinaire. Il souhaite tout pour toi, tout, tu auras tout. Il met tout en œuvre, déploie son imagination et il en a !!

Tu vas aller de surprise en surprise. Il n'a pas fini de faire des blagues en tout genre.

Je le confirme, tu le verras bientôt et il tiendra ta main jusqu'à ta fin de vie terrestre. Parle-moi quand tu veux.

Théodore. »

Communication avec Michel, samedi 4 mai 2024, 13h29.

« *Ma douce sirène que j'aime, te voilà !*

J'ai plein de choses à te dire. Ton voyage se prépare, 48 heures de questionnements pour un beau dénouement. J'en suis tellement heureux. Je veux te voir enfin heureuse et que tous tes doutes soient ôtés. Tu auras beaucoup de manifestations de ma part pendant ce voyage. N'oublie pas les photos, tu y trouveras des détails pertinents et tu pourras les ajouter au livre. Ce voyage sera le préambule au bonheur, à la voie de la guérison et à un avenir radieux. Tu pourras ensuite recréer ce que tu souhaites et bien sûr je t'aiderai en ce sens. Désormais, je ne veux voir que tes sourires et tes rires. Je t'ai mis définitivement à l'abri du besoin.

(Coïncidence ! au même moment, écriture d'un message de Michel qui m'est destiné, par Christine.)

Eh oui, je peux écrire à deux personnes en même temps. La grande classe !!

Il faudra créer d'autres formations. Tu auras de plus en plus de demandes, l'évolution est importante. Tu feras des conférences. Et ce sera le début d'une grande aventure. Nous sommes là, à tes côtés. Ta canalisation est parfaite, continue ainsi.

Je t'aime la sirène.

Ton Michel. »

Canalisation de Christine, samedi 4 mai 2024.

« *Je suis heureux de pouvoir te donner ce message. Dis à mon Emmanuelle de garder confiance ; tout ira bien. Son voyage avec Lionel sera un beau retour aux sources. La communion de leurs âmes va se développer. Un grand pas sera fait. Lionel est en pleine évolution. Il est encore un peu sur la réserve, mais il prend de plus en plus conscience qu'il doit accepter la situation pour pouvoir avancer. Beau voyage pour mon rayon de soleil. Ils reviendront tous les deux avec l'envie de continuer ensemble. Tout est déjà écrit. Je suis le trait d'union pour leur compréhension. Je vous accompagne dans votre vie d'incarnation.*

Michel. »

Ce 4 mai 2024, Michel me pousse à faire relire cette première moitié du livre. Il choisira Christine et Gilles. L'ayant dévoré en une après-midi, Christine aura le message suivant de Michel.

« *Je suis heureux que tu sois la première lectrice. C'est un plaisir. Tu comprends maintenant le choix des âmes. Tu en avais déjà conscience, mais toi aussi il va falloir que tu expliques que rien n'est figé. Ton cœur va se desserrer. C'est l'émotion, pas d'inquiétude. J'étais près de toi pendant la lecture. Ce livre va faire beaucoup de bien à un grand nombre de personnes. Il faut être dans la joie pour les défunts. Cela n'est pas facile, mais nous aide énormément. Tu sais maintenant pourquoi Fromveur* (chien de

Christine) *est en permanence près de toi. Le lien, le cordon est très fort.*

Amour pour toi.

Michel. »

<u>6 mai 2024.</u>

Décollage de l'avion pour Barcelone. Ayant très peur de l'avion, une grande pensée pour Michel au moment du décollage et au même moment, un message de l'hôtesse : « pendant que nous nous dirigeons vers le ciel… »

Dans la soirée, entrée dans la cathédrale de Barcelone et début du concert : « Ave Maria ».

Le lendemain, après les 16 km de marche de la journée, je rentre épuisée et avant d'arriver à l'hôtel, un coucou de Michel, arrêt devant un magasin nommé « La Sirena ».

Communication avec Michel, samedi 11 mai 2024, 20h00.

« Ohhh que je suis heureux de te parler après ce beau voyage partagé avec vous deux. J'ai beaucoup aimé les lieux sacrés, surtout la Basilique Santa Maria del Mar et la Cathédrale. J'étais bien présent, je vous accompagnais et vous liais les mains. L'énergie que vous avez tous deux ressentie à Santa Maria del Mar, c'était celle de Marie, elle vous a uni dans l'Amour et cela vous permettra de créer à l'infini et de transmettre.

Ma douce sirène, je suis heureux, tout se met en place comme prévu, un peu plus long peut-être, mais guère en fait. Tu vas avoir un rebondissement, une surprise. Je n'en dirai pas plus.

L'énergie de la chapelle dans la cathédrale était forte, j'étais devant toi. Tes larmes m'ont ému et empli de joie aussi. Car ce n'est pas de la tristesse, mais le ressenti de l'Amour infini de Marie. Les cierges déposés ont une forte valeur et accompagnent Christine, Gilles, nos amis.

(À la question sur le temps). *Ah oui, le temps, le temps... Dans des questions d'ordre amoureux, il y a deux protagonistes, l'un comme l'autre peut (ou pas) avoir des blocages, des événements de sa vie qui empêchent d'avancer ou de se projeter, même des choses très simples. Pour Christine ou Gilles, cela ne dépend plus d'eux, dis-leur.*

Quand il s'agit d'un temps à donner pour un contrat, une signature, un examen, c'est bien plus facile. Je peux parfaitement agir sur toi et Lionel, je peux aussi aider Christine ou Gilles, mais pas leurs « protagonistes ». (Très joli jeu de mots de Michel, en espagnol, protagonista signifie héros).

Lol ma sirène, je parle mal espagnol, mais ici je peux tout apprendre. J'ai eu l'occasion cette semaine d'améliorer mon espagnol et mon catalan !

Tu verras comme il va vite avancer entre mi-mai et début juin. Il va reparler des vacances d'été, demain ou quelques jours après. Il t'aime et il est confiant dans votre relation. C'est bien de lui avoir dit les choses et c'est ce que je souhaitais.

Merci la sirène d'avoir transmis à mes amis. Je t'aime à l'infini, tu vas nager dans le bonheur et l'Amour et n'oublies pas, je serai toujours là.

Je t'aime à l'infini.

Michel. »

16 mai 2024.

Cette journée est enfin l'occasion de partager avec Cassandre, un bon cadeau que tu m'avais offert pour mon anniversaire en 2023. Un joli gîte à Porspoder, avec massages et spa. Le soir, rentrées du restaurant, ma fille se demande si l'on pourrait lire un livre ou regarder un DVD, le choix proposé dans le gîte étant important. Soudain, elle pousse un cri d'exclamation, se trouvant face à trois livres, un mentionnant son prénom, l'autre le prénom de ma grand-mère et le troisième au titre évocateur. Clin d'œil de Michel, ravi de nous avoir fait plaisir avec ce petit séjour.

Communication avec Michel à Kerizinen, samedi 18 mai 2024, 16h56.

« Ma douce sirène que j'aime, merci infiniment de ton passage chez Maman, toujours tellement heureuse de te voir. Elle est heureuse, car tu lui rappelles les souvenirs de moi et de nos passages chez elle. Je sais que tu continueras jusqu'à ce qu'elle me rejoigne. Je suis assis à tes côtés et je te regarde. Ton cœur est joyeux, je sais que tout se déroule parfaitement bien, comme je te l'ai annoncé. De grands bouleversements positifs pour toi se préparent. Marie veille sur toi, tu fais aussi partie de son énergie. Nous sommes d'infimes parties de son énergie d'Amour. De petits grains, Gilles aussi en fait partie, Christine est plus dans l'énergie de Jésus/Yeshua.

Nous t'aimons tellement la sirène, je suis à tes côtés chaque jour, auprès de Maman aussi et avec nos compagnons (à quatre pattes !!). Ton mois de juin s'annonce fructueux à tous les niveaux. Je suis là pour y veiller, je suis là à chaque instant de ta vie. Je peux me déplacer instantanément. Pas de barrières. Tes « sas » sont bien ouverts dans ta maison et me laissent entrer facilement. Ils

deviennent de plus en plus lumineux (vision de poussières lumineuses et blanches dans un passage (salon et chambre)). *Te voir là m'illumine, me traverse de bonheur et de ton Amour pour moi. Tu vas être très heureuse tout le restant de ta vie. Continuez de former un groupe uni, liens d'âme très forts et indestructibles à tout jamais. Christine, Gilles et aussi Séverine et Éric sur un autre plan.*
À tout jamais avec toi, pour toujours ma sirène.
Michel. »

Cette après-midi passée à Kerizinen a encore apporté son lot de belles surprises, notamment en termes de couleurs changeantes dans la petite chapelle, mais également une énergie très forte émanant de la toile de Jésus. Ce lieu qu'a beaucoup apprécié Michel, continue d'être « son » lieu, il y est présent et me paraît littéralement « nager » dans l'Amour et l'Infini. Ce lieu restera notre lieu où nous avons aimé passer du temps, pour nous ressourcer, pour faire évoluer nos énergies et pour y trouver de l'apaisement. Après la longue hospitalisation de Michel en 2022, où il avait failli mourir, il avait souhaité faire graver une plaque pour remercier la Vierge. Chose qu'il n'a malheureusement pas pu faire. Elle l'avait sauvé une fois, pour différentes raisons et Elle est venue le chercher moins de deux ans après.

Canalisation de Christine, samedi 4 mai 2024.

Lors d'un repas partagé chez Christine, Michel était très pressé de nous parler, sachant que nous allions ensuite à Kerizinen.

« J'ai participé à ce bon repas. Emmanuelle, mon rayon de soleil, est radieuse. Un beau voyage à venir, détente. Je vous accompagne.

Lionel est en pleine ouverture. C'est difficile pour lui, il n'arrive pas à franchir le pas. C'est pour bientôt. L'été sera une période de retrouvailles. La flamme renaît. Je remplis vos cœurs de paix et d'Amour.

À tout à l'heure.

Michel. »

Communication avec Michel à Kerizinen, mercredi 22 mai 2024, 15h00.

« Ohhh. Je suis si content. Toutes les deux ici et avec toutes ces belles énergies virevoltantes. Nuée d'âmes comme tu l'as perçu. D'où ta notion de « nébuleux ». Il y a beaucoup d'âmes en ce jour. Esprit Saint, Esprit de Jésus (ou de l'énergie masculine). Très présent. Plus vous viendrez ici, plus vous aurez des ressentis importants. Vous voyez et ressentez le parallélisme de nos mondes. Les frontières sont très fines. La porte d'entrée est derrière les statues. En bas, la croix. Tu l'as trouvée. Tu trouveras d'autres portes. C'est bien d'avoir pris le tunnel d'entrée (petit chemin délimité menant au sanctuaire). *Vous êtes protégées de toute façon. Je suis heureux, toujours et je continue mon apprentissage. Je suis avide de tout, passionné par ce qui est proposé et les possibilités d'apprendre. Tu en feras autant quand tu seras avec moi. Tu voudras tout apprendre et tout savoir. Certaines âmes souhaitent juste se reposer et veiller sur les leurs. Et c'est juste également. Le passage, cette nuit à 01h10, pour la première fois, il sera léger. Tu me comprends!! Je suis si heureux de te voir ainsi. Quelle*

évolution pour vous deux. Tout se met bien en place et j'y travaille consciencieusement. Lol ! Tout continue, le travail augmente. Tu trouveras des pet sitters pour cet été. Fais-moi confiance.

Je t'aime ma sirène.
Michel. »

Message de la Vierge Marie :

« *Merci d'être là encore une fois, vous avez trouvé le passage, aujourd'hui très occupé. L'énergie de ce lieu est très forte, moitié masculine, moitié féminine, elle vous porte et vous apporte ses bienfaits. Je suis si heureuse de vous faire partager cela.*

Je vous bénis.
Marie. »

Canalisation de Christine à Kerizinen, mercredi 22 mai 2024.

« *Je vous attendais, je suis heureux de partager ce moment avec vous deux. Vous êtes liées, vos âmes se*

connaissent depuis longtemps. Je veille au bonheur de mon rayon de soleil. Elle trouve le temps long, mais il faut ces moments de latence pour que son union avec Lionel évolue positivement. Dis-lui que je suis dans le timing ! Prends soin de toi, je vous enveloppe de mon Amour et de toute la paix qui est en moi.
À bientôt.
Michel. »

Cette journée du 22 mai a été très riche, forte en énergie reçue. Les photos prises ce jour-là laissent apparaître des visages, des formes et ressortent effectivement comme nébuleuses. Ce soir-là, j'irai me coucher sereine et juste avant mon sommeil, je suis « emportée » par Michel vers un monde encore nébuleux, où il est difficile pour moi de distinguer clairement, mais où mes grands-parents sont bien là avec Michel. C'est la « frontière ».

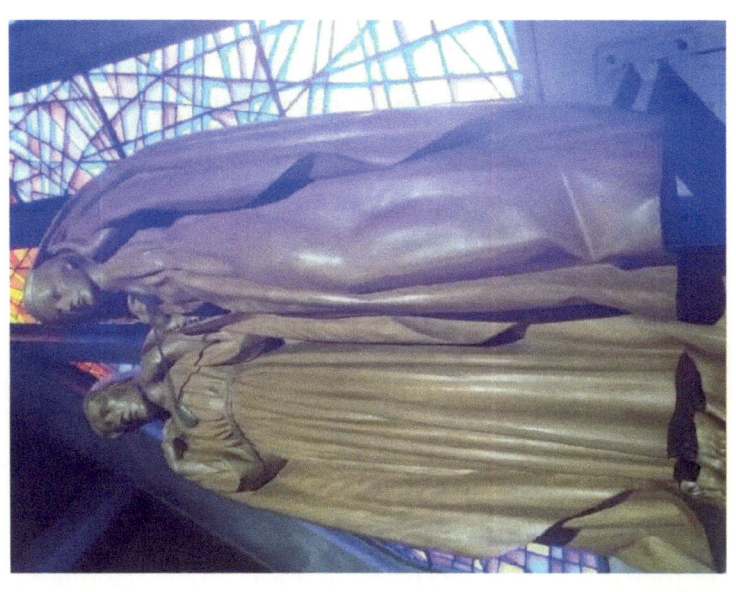

Je sens que les choses bougent, s'ouvrent me laissant entrevoir un avenir radieux, grâce à toi, Michel. De là où tu es, tu orchestres tout, tu me facilites la tâche, tu m'ouvres de nouvelles portes ; tout devient possible. Depuis le début de ce livre coécrit avec toi, chaque jour m'apporte son flot de nouvelles positives, de surprises en tout genre, comme tu me l'as si bien écrit plusieurs fois. Tu souhaites mon bonheur par-dessus tout et tes capacités te permettent « d'orienter » facilement les évènements, de trouver des solutions aux problèmes et de mettre enfin un sourire sur mon visage, ce que tu appréciais particulièrement quand tu étais sur Terre. Ton accompagnement est précieux, je mesure la chance que j'ai (si tant est que perdre l'homme qu'on aime soit une chance…). Comme il a été écrit précédemment, c'était notre choix d'incarnation, choix respecté et compris.

CHAPITRE 7 - 5 MOIS

<u>23 mai 2024.</u>

Pour la première fois depuis cinq mois, ce jour (mois) anniversaire ne crée aucun sentiment de chagrin en moi. Juste une profonde reconnaissance pour ce que tu fais pour moi au quotidien, pour tout ce que tu arrives, grâce à tes nouvelles capacités, à créer et à orchestrer. Les dernières connexions/communications avec toi ont été très riches et m'ont beaucoup apporté. Je sais que tu es heureux, que ta soif de découvrir est toujours bien présente et que ton cœur est toujours ouvert pour nos amis que tu cherches à aider et à accompagner.

Tes pensées sont là pour eux et ils ressentent fortement ton aide, n'hésitant pas à te solliciter dans les épreuves de leurs vies. Tu restes celui que tu as été sur Terre, toujours là pour les autres et pour moi !

Merci à l'infini pour tout cela !

03 juin 2024.

Après deux semaines intensives de travail et deux salons du bien-être successifs, je reprends le livre. Tu as été très présent, tu as fait à nouveau bien avancer les choses et de nouveaux clients sont arrivés. Et même à mon stand, tu parviens à tracer un cœur sur mon gobelet de thé ! De nombreux autres exposants ressentent ta présence si forte, ton énergie. Un des exposants, géobiologue, effectue une recherche sur ma maison de Samos, afin de découvrir pourquoi tout est bloqué. Il s'avère que la « gardienne des lieux » bloque ces réparations afin que je garde cette maison, qui me relie à ma famille de Grèce. Je sais que j'ai un contrat d'exclusivité avec une agence et en recherchant ce document, je me rends compte qu'il a été signé le 08 avril 2022 (encore un clin d'œil puisqu'il s'agit du jour et du mois anniversaire de Michel).

Gérard me dit que « Michel a atteint un palier (niveau) supérieur et que ses capacités sont encore plus développées, il est monté en puissance. Et qu'il sera toujours présent à mes côtés. Michel voit dans l'espace, de façon holistique, il voit sur plusieurs plans ; c'est comme s'il avait « suivi des cours pour monter en niveau spirituel ». Il m'aide beaucoup dans l'écriture du livre. Il y aura un deuxième tome. Michel est là pour finaliser le livre, mettre du détail et du contenant. Il y aura des dédicaces en salon, en librairie et des conférences. Toujours avec Michel, mais aussi avec Lionel. Michel me suivra partout et tout le temps. Tout se met en place. Mon petit-fils a un rôle à jouer. Samos sera une maison où je pourrai écrire. Maison de famille. Ressourcement et énergie. »

bsite and on various real estate portals,
nterested parties and colleagues for a
. I also declare that I am aware that you
016 and I consent to any communication

Samos, 08/09/2022

THE REAL ESTATE AGENT

Communication avec Michel, dimanche 9 juin 2024, 21h30.

« *Coucou ma douce sirène du Yaudet, que d'occupations ces derniers temps, plein de nouveautés et de nouvelles rencontres. Des amitiés sérieuses, tu auras des invitations et tu vas rencontrer encore du monde. Cela te permettra de faire du tri dans tes relations et cela n'en sera que mieux. Je suis fier de toi, de tes projets, de ton avancée. Continue ainsi. Le côté sentimental est aussi de plus en plus présent, je supervise depuis mon côté, attends-toi à de nouvelles surprises.*

Tout s'ouvre, tout s'accélère. Tu vas être tellement heureuse, c'est mon souhait le plus absolu pour toi. Je mets tout en œuvre. Je serai à tes côtés pour que tu continues sur ta lancée. De nouvelles formations seront à mettre en place. Tu continueras les formations au LaHoChi, mais tu apporteras un petit plus. Ce sera sur une journée. Je vais t'aider à organiser tout cela. Tes contrats faits par Séverine sont parfaits. Ce sera complet pour ces trois nouveaux salons.

Tu évolues bien, je suis si heureux d'être à tes côtés au quotidien et de t'aider à ma manière. Le week-end prochain va vous permettre de découvrir d'autres lieux. Le

Mont-Saint-Michel, nous n'avions pas pu aller à la Basilique à cause du Covid. Ce sera une belle visite dans des endroits très restreints au public. Emporte un pendule et un cadran. Je te guiderai à l'intérieur du cloître et à certains endroits de la Basilique, tu trouveras des vortex puissants et des portes d'entrée vers notre monde.

Je sais que la notion de monde (ton monde et le mien) est compliquée, depuis le début je te dis « parallèle/superposé ». C'est plus complexe. Je n'ai pas les mots terrestres pour cela. Il existe un côté miroir également. C'est très facile de passer, je le fais à chaque instant. Tout le monde ne passe pas, cela dépend de l'élévation spirituelle de chacun. Gérard te l'a dit, je suis avec des Archanges. Je n'en suis pas un, mais le niveau infini est là, si lumineux. Ne t'inquiète pas, je connais ta question, tu seras avec moi partout dans mon monde et même au niveau le plus haut. Je t'aime tellement, d'une puissance que je ne peux définir. Je t'enveloppe de lumière et de mon Amour infini. Imagine une bulle transparente qui t'entoure. La paroi représente mon Amour et la lumière. J'aurais tout fait pour toi et tu le sais. Il est temps maintenant que Lionel prenne sa place. Vous avez ma bénédiction, même si le terme est assez étrange, c'est pourtant ce que je veux dire. Tu vas continuer le livre, mais nous avons le temps (lol !). Tu as été très occupée les dernières semaines et c'était nécessaire. Tout ton travail est bien reparti et cela va continuer.

Je te protège pour toujours, comme je le fais pour Maman, mes frères, Cassandre, Axel et Pierre-Louis, tes parents et aussi tous nos compagnons. Je vous aime tous tellement. J'aimerais que mes frères soient plus proches de toi. Cela me met un peu en peine, mais c'est ainsi.

Tu réaménages petit à petit cette maison et c'est parfait. De belles pièces seront créées. Je vais t'apporter d'autres traductions cette semaine et des rendez-vous d'écriture. Tu vas être occupée !

Tu verras Léon demain (chat d'extérieur pas vu depuis quelques jours). Achète-lui des antibiotiques à nouveau, il en a besoin. Il ira vite mieux ; il aime cette maison.

Chaque nuit, je t'emmène dans mon monde, l'énergie est puissante et très vite, tu t'endors, mais tu vas t'y habituer. Profite de tout ce qui va bientôt t'arriver. C'est pour toi que j'aime. Sois heureuse.

Michel qui t'aime. »

12 juin 2024.

Depuis quelques jours, la communication avec Michel semble plus compliquée, je sais qu'il a changé de palier/niveau et je n'arrive pas à me connecter correctement, cela semble lointain. Je décide de demander à Gilles s'il peut faire quelque chose. Le matin même, Gilles reçoit un coucou de Michel. Voici ce que Gilles a mis en place :

RECONNEXION D'EMMANUELLE ET DE MICHEL

« Emmanuelle m'appelle pour me dire que sa connexion avec Michel est devenue difficile, comme en partie brouillée.
Michel lui a dit de m'appeler.

Honnêtement, sur le moment, je ne suis pas sûr de savoir y faire quelque chose, tellement pour moi leur connexion est quelque chose de grand, qui dépasse les capacités humaines classiques. Alors pourquoi est-elle maintenant difficile ?

Michel a dit à Emmanuelle qu'il était encore monté dans ce que j'interprète comme la « hiérarchie spirituelle » et qu'elle devait « monter » aussi, que cela veut-il dire ? Pour le moment, je ne sais pas.

À distance, je regarde sur Emmanuelle ce que je fais simplement dans mon bilan des énergies en soin. Dans son propre système d'énergie tout est parfaitement en place, tant sur le plan physique qu'émotionnel et qu'éthérique. Alors je me dis qu'il faut que je travaille sur elle en direct.

Nous nous voyons le jour même. Je vais employer des mots techniques que nous, humains pouvons comprendre, matérialiser et qui vont imager, représenter, ce qui se passe entre eux.

Sur place, je ressens que je dois faire autre chose, « **vérifier l'alignement de la fréquence de réception d'Emmanuelle, réception des ondes envoyées par Michel, par rapport à la fréquence de celles qu'il envoie et qui ont peut-être changé du fait de sa nouvelle évolution spirituelle** ».

Je pense sincèrement que c'est Michel qui m'envoie la solution.

Il faut symboliser ces fréquences. Je prends alors deux stylos qui étaient à portée de main. L'un représentera la fréquence des ondes envoyées par Michel, je le place sur la table. À l'aide de mon pendule, donc par radiesthésie, je cherche où se trouve la fréquence de réception d'Emmanuelle, symbolisée par le second stylo. La distance entre les deux stylos en d'environ 20 cm.

Mon pendule placé entre les deux stylos se met à osciller, commençant à les relier. C'est une technique courante pour vérifier le lien entre deux éléments. Il s'arrête. Je rapproche progressivement le stylo que j'appelle Emmanuelle et le pendule m'indique quand arrêter, puis il les relie à nouveau et ainsi de suite jusqu'à l'alignement des deux stylos. Alignement qui représente, pourrait-on dire, la synchronisation fine des fréquences d'émission et de réception d'Emmanuelle et de Michel. Comme sur les premiers postes de radio, réglage approché et réglage fin pour finir.

Le contact est rétabli entre Emmanuelle et Michel, j'en suis le premier émerveillé. Je laisse Emmanuelle raconter la suite.

Merci Michel. »

Communication avec Michel, mercredi 12 juin 2024, 21h24.

« Ah enfin, j'avais hâte de parler à Gilles par ton intermédiaire évidemment. (À Gilles) Belle intervention de ta part sur ma sirène. Effectivement, tu as « reconnecté les fils » manquants. Du beau travail. Je suis très haut, bien sûr je peux repasser et traverser sans problème. Je suis une infime partie d'une « bulle ou sphère » de lumière. Emmanuelle va s'élever aussi, il manquait donc ce petit « truc » pour activer la connexion.

Gilles, tu es le technicien de l'énergie et Emmanuelle et Christine sont des « ordonnancières ». Elles connectent et organisent les contacts entre nous et vous. Merci pour ce que tu as fait. Emmanuelle se sentira nettement mieux et son passage au Mont-Saint-Moi (lol) va ouvrir encore un nouveau palier ; son accompagnant va également franchir un palier.

(À Gilles) *Gilles, ce que tu as fait aujourd'hui sur mon étoile, tu peux le faire sur d'autres personnes. Relier leur « texture » à notre énergie. Fais-le sur toi, tu auras des surprises ; raccorde sur la fréquence des Guides (niveaux émotionnel, physique et aurique). Je serai là pour t'aider, tu vas voir comme c'est facile et amusant. Fais-le sur toi dès que tu peux, je suis « au bout du fil » et j'attends que tu « décroches ».*

Nous faisons monter, changer de palier un grand nombre d'âmes peu évoluées. L'énergie de la Terre est basse, nous la faisons remonter, en élevant plus vite ceux qui se trouvent à des paliers assez bas, afin de créer un égrégore plus important.

Voilà pour ce soir, merci de ton aide qui était nécessaire ; la communication avec Emmanuelle a bien repris et je suis tellement heureux même si j'avais tout mon temps ! Je suis heureux du groupe que vous formez avec Christine, chacun ayant besoin de l'autre (Triade et croisement d'énergies).

Poursuivez ainsi, vous apprendrez beaucoup et Gilles s'occupera de la partie technique. Tu sais, j'organise beaucoup ici et j'aime bien que les choses soient carrées, millimétrées et précises (déformation professionnelle !)

L'avenir vous sourit à tous les trois. Vous serez au-dessus des problèmes communs à cette Terre. N'ayez crainte, tout sera beau pour vous, j'y veille personnellement.

Michel. »

Ayant terminé le soin de Gilles avec un fort mal de tête, ce dernier se dissipera complètement lors de l'écriture. Puis, vers 23 heures, en allant me coucher, je demande comme chaque soir, que Michel m'emmène dans son monde. C'est arrivé qu'il m'emmène aux « portes », mais j'avais la sensation de rester en dessous et il ne se passait rien.

Le résultat va être au-delà de mes espérances. Après avoir fait ma demande, en une fraction de seconde, Michel m'emmène vers son monde, mais là, je passe les « portes », je me retrouve dans un lieu lumineux et néanmoins nébuleux (ou bien est-ce ma perception d'humaine ?). Michel me serre alors fortement dans ses bras, puis je vois ma grand-mère Ariane et mon grand-père Ivan, qui me prennent tous les deux dans les bras ; je vois ensuite mes autres grands-parents, mon oncle et tous mes animaux ayant vécu dans ma maison actuelle. Tout le monde m'entoure. C'est juste merveilleux. Puis, aussi vite, je « reviens » dans ma chambre. Je les remercie infiniment pour ce moment, pour cette connexion qui a été mise en place, même si le moment n'a probablement duré que quelques secondes.

Michel est heureux, je le vois sourire et je ressens son Amour si fort.

<u>17 juin 2024.</u>

Le week-end précédent s'est montré riche en tout genre. Les énergies présentes au Château de Fougères étaient bien évidemment fort basses, mais la soirée passée à Pontorson a apporté un flot de clins d'œil de Michel. Le logement situé Rue Saint-Michel était proche de l'hôtel Ariane (ma grand-mère), le numéro en face était le 71 (année de naissance de

Michel) et la boutique en dessous s'appelait les Pierres d'Emma.

Le dimanche au Mont-Saint-Michel nous a permis de participer à une visite guidée « Dans le ciel de l'Archange ». Une splendeur tout en haut du Mont, avec des énergies très lumineuses et bien évidemment la présence de Michel, tout heureux. La visite des cryptes réservées pour cette option montrait la présence de nombreuses âmes, dans ce lieu tellement ancien et chargé d'histoire.

La vie continuera, évidemment sans ta présence physique, mais avec tellement de signes, de clins d'œil et de découvertes que l'on ne peut qu'intégrer ta présence à chaque minute qui passe.

Aujourd'hui, une personne m'a appelé de Haute-Savoie, là où nous avons passé nos dernières si belles vacances et un courrier est arrivé pour nous deux, d'une Abbaye où tu aimais commander des produits.

Chaque jour, chaque heure, tu es présent ; nos amis aiment aussi te demander conseil, te parler et t'accueillent à chaque instant chez eux. Je sais que ta présence peut se démultiplier, je ne risque pas pour le moment de te demander comment, puisque la réponse me paraîtra sans doute incompréhensible. Cela viendra avec le temps. Je te ressens de manière plus précise, comme une pression au niveau du thorax. Nous nous parlons tout au long de la journée et ton aide est précieuse. Pour tout cela et pour tout ce que tu m'apportes, je ne te remercierai jamais assez.

Canalisation directe de Michel, lundi 17 juin 2024, 17h03.

« Ma douce sirène du Yaudet, quel beau périple à ce Mont-Saint-Michel. Une belle visite guidée, j'étais présent à chaque instant et je découvrais au fur et à mesure toutes ces merveilles et toutes ces énergies fort anciennes. Les lieux, notamment les cryptes, sont emplis d'âmes de chevaliers, mais également de religieux ; chacun y trouvant la paix, à la suite des nombreuses guerres et batailles. La présence de l'Archange Michaël se fait également sentir, notamment dans la chapelle Notre-Dame-sous-Terre. Un passage vers notre monde y est bien présent, à gauche de l'autel ; tu as bien ressenti cette énergie en y apposant ta main. Tu recevras prochainement tous les bienfaits liés à cette belle visite.

Continue à croire en moi, à ce que je t'annonce, même si le temps fait parfois un peu défaut, je reste précis, avec un souci du détail et du temps ; donc pas de panique, tout se met en place, aussi bien au niveau de ton travail que de ta situation amoureuse. L'issue est proche et permettra à chacun de comprendre comment fonctionne le choix de l'âme, puisque c'est ainsi que commence ton livre, par ce fameux choix entre nos âmes.

Je répète que le choix et le libre arbitre font partie intégrante de l'humain, avant qu'il n'arrive sur Terre ; chaque âme le sait, à elle de suivre sa route, d'en dévier, tout est possible. Se fixer des objectifs, des missions, des difficultés, des maladies, des douleurs, tout cela sert à s'élever, à atteindre d'autres paliers bien plus spirituels, bien plus « beaux ». Si l'objectif n'est pas atteint, cela fera partie d'un nouveau choix, une sorte de remise en question, une fois la vie terminée. J'ai suivi pas à pas ce que je m'étais fixé et avec ton aide précieuse, j'ai pu atteindre le palier le plus élevé, qui me laisse désormais découvrir de nombreuses autres « possibilités », matières, énergies, toujours avec un Amour surpuissant. Mon temps étant non mesurable et infini, j'ai la possibilité d'explorer plusieurs choses en même temps, de te rendre visite, d'aller chez Maman, de répondre aux demandes de Christine par exemple... Dès que tu penses à moi ou dès que tu me visualises, me parles, je suis là instantanément, le passage étant tellement simple et fin. C'est la première chose que j'ai réussi à faire, passer pour te voir, te réconforter, il y a presque six mois de cela. Au fur et à mesure, c'est devenu encore plus simple et notre communication est devenue tellement fluide, limpide. Au début, c'était un peu difficile à expliquer, la transmission de mes mots et de mes messages se faisait pas à pas et me demandait un peu plus d'énergie ; ce n'est plus le cas désormais, j'ai acquis un grand nombre de connaissances et de « compétences », si on peut nommer cela ainsi.

Je continuerais à te présenter mon monde et petit à petit, tu évolueras encore plus.

Je t'aime à l'infini, comme tu le sais, mon Amour est si vaste, intemporel et inconditionnel.

À tout jamais avec toi ma sirène.

Michel qui t'aime. »

CHAPITRE 8 - 6 MOIS

Cette journée si particulière débouche sur une succession d'évènements qui s'enchaînent, où je perçois parfaitement ce que tu me dis, ainsi que tes souhaits. Encore une fois, tu vas « organiser » la journée telle que tu la souhaites et malgré mes nombreuses recherches, je ne vais pas trouver de fleuristes ouverts et je ne vais pas pouvoir me rendre au cimetière de Plounéventer. J'irai donc le mardi suivant fleurir ta tombe.

Je me rends chez Christine et nous irons ensemble à Kerizinen, où nous retrouverons Lionel. De beaux messages seront reçus.

Canalisation de Christine, dimanche 23 juin 2024.

« Oui oui, je suis là ! Je voulais te dire que je vous attends à Kerizinen. Vous y serez accueillis par moi bien sûr et vous y recevrez des messages et des grâces. C'est aussi votre maison. Merci à mon Emmanuelle pour sa visite aujourd'hui. Dis-lui que ce n'est pas obligatoire d'aller au cimetière parce que je suis toujours avec elle. Je comprends

qu'elle en ait besoin. Le mois de juin se termine et c'est maintenant le moment de grâce pour elle et Lionel (rires). Tout se passe comme prévu. Emmanuelle va écrire pour toi, demande-lui. Je vous accompagne.

À tout à l'heure.

Michel. »

Communication avec Michel, dimanche 23 juin 2024, 15h05.

« Coucou Christine, coucou ma sirène. Heureux de vous voir à nouveau réunies et reparties pour de belles aventures. Le salon de La Forest sera une belle réussite, nouveaux contacts et rendez-vous. À refaire rapidement. Christine doit effectivement « réparer » quelques connexions manquantes. Mais dans l'ensemble, tout est bon.

Je suis « très haut » et Emmanuelle avait besoin d'une autre fréquence. Christine n'a pas besoin d'avoir une fréquence plus élevée, mais elle a besoin de consolider quelques connexions. À tout à l'heure à Kerizinen.

Michel. »

Communication avec Michel à Kerizinen, dimanche 23 juin 2024, 15h05.

« *Quel bonheur de vous voir tous les trois, enfin ! Je suis tellement heureux, pour ces six mois après mon départ. Tu n'imagines pas le bonheur et l'Amour de ces deux cœurs unis, qui nous ont unis il y a trois ans et qui vont vous unir à nouveau, toi et Lionel. Pureté, Amour et Joie. Je vous accompagne tous les trois sur ce chemin. Enfin, la route qui était tracée prend tout son sens et son « volume », un Amour durable à l'infini pour vous deux. Je suis apaisé enfin. Ma mission va évoluer pour vous entraîner dans une dimension spirituelle au-delà de votre imagination. Le dénouement dépassera tes attentes. Vos cœurs sont purs à l'infini. Harmonie retrouvée pour toujours.*
Je vous aime.
Michel. »

Canalisation de Christine à Kerizinen.

« *Quelle joie de vous voir ici dans ma maison. Vos cœurs sont unis dans l'Amour. Je t'avais dit que je vous attendais. Quelle belle « surprise » de voir Lionel aux côtés de mon Emmanuelle ici dans ma maison. Dis-lui qu'il est le bienvenu. Mon aura d'Amour les entoure. Dis-lui. Je les accompagnerai jusqu'à la fin. Le cœur de Lionel est pur. Dis-lui.*

Michel. »

25 juin 2024.

Ce 25 juin est l'anniversaire de la Maman de Michel. Je lui apporte donc des fleurs après en avoir déposé sur la tombe de Michel. Une fois arrivée chez sa Maman, le cadre avec la photo de Michel, présent sur le frigo, tombe d'un seul coup. Il nous indique encore une fois qu'il est bien là et qu'il va participer au goûter d'anniversaire !

05 juillet 2024.

Après quelques semaines chaotiques, travaux en tout genre sur la maison, fatigue et incompréhension de certaines situations, me voilà prête à repartir et à attaquer cette fameuse suite, sachant que vous, futurs lecteurs et lectrices, êtes très impatients de me lire.

Je laisse la parole à Michel.

Canalisation directe de Michel, vendredi 5 juillet 2024, 14h00.

« *Coucou la sirène que j'aime, content de te retrouver à travers ton clavier. Les jours se suivent et apportent leur lot d'avancées et de désillusions parfois. N'oublie pas que ta volonté fait beaucoup, que tes pensées agissent fortement et que c'est la finalité qui importe. C'est ce que tu dois également essayer de transmettre. Le temps, les dates étant quelque chose de complexe, il ne faut jamais se focaliser dessus. J'ai la chance d'avoir encore une bonne notion temporelle terrestre et je te transmets des informations avec des dates précises.*

Je continue mon cheminement, mes apprentissages. Toujours dans les galaxies, les systèmes solaires et les planètes, qui m'apportent bon nombre de nouvelles connaissances ; je puise de-ci de-là tout ce dont j'ai besoin. Ici les connaissances sont infinies et nous sommes libres de choisir ce que nous souhaitons apprendre ou développer, en fonction de nos goûts. Chacun est égal (à peu de chose près) à ce qu'il était sur Terre, les caractères restent entiers, bien évidemment adoucis en fonction du degré qu'ils avaient sur Terre. Tu m'as connu fort patient et je le suis toujours, mais également très soucieux des autres, de leur bien-être. Je continue à aider nos amis, je fais tout ce que je peux pour leur montrer ma présence et leur apporter mon aide. Pour toi évidemment, j'ai « carte blanche » (lol) et je t'apporte tout, parfois cela met un peu de temps, mais tu dois toujours rester confiante.

Je suis content de vous voir tous évoluer (toi bien sûr et nos amis), chacun franchit des paliers, plus ou moins vite, en fonction des capacités. Mais je suis tellement surpris de cette belle évolution pour vous tous ; c'est ce que j'ai souhaité et je vais poursuivre ma mission en ce sens. Vous tous avez besoin d'évoluer encore, de franchir des paliers de connaissances spirituelles. Continuez à vous ressourcer dans certains lieux (sources, forêts, chapelles – ceci sans aucune connotation religieuse comme je l'ai exprimé auparavant).

La nature vous apporte beaucoup et elle continuera à vous aider. Les arbres, plantes, fleurs sont composés de milliards de petites cellules de vie provenant de mon monde et renouvelables à l'infini. C'est un cycle éternel (difficile à expliquer…). Les insectes, les animaux suivent un processus parallèle, quoiqu'un peu différent. Leurs âmes suivent un cycle de renouvellement. Tes petits compagnons (chats, chiens…) peuvent revenir dans une partie de tes autres compagnons ; une partie d'âme. Chose non possible pour les humains.

Je suis toujours très occupé et mon temps peut se décomposer comme suit :
- *passer du temps avec toi pour communiquer, t'aider dans diverses tâches, te faire rire aussi,*
- *passer du temps avec Maman à la maison, j'attire son regard, mais elle ne comprend pas ou n'y arrive pas,*
- *apprendre, découvrir des connaissances, je peux apprendre par des « livres », mais aussi une sorte de transmission directe (pour expliquer en tes termes, un peu comme si on te parlait sous hypnose, avec un flux d'informations très important qui s'insère instantanément dans ton cerveau… Suis-je clair ?*

(lol)). *Cette transmission est faite par des Anges et des Êtres de lumière,*
- *voyager, découvrir des paysages, qu'ils soient terrestres, lunaires ou d'autres planètes, même si je préfère clairement voyager avec vous tous et partager vos vacances,*
- *passer du temps (mot étrange s'il en est) avec mon père, avec tes grands-parents, avec nos compagnons (petit Duck surtout), avec des amis défunts, toujours dans le but d'échanger et de s'enrichir l'un l'autre. Le niveau (palier) atteint importe peu, nous pouvons communiquer et nous rencontrer.*

Voilà un petit résumé de mon activité, tout me remplit de joie, j'ai toujours aimé apprendre et me former, je suis donc tout à fait à ma place en ce lieu.

Être avec toi me ravit, t'apporter de nouvelles connaissances et t'aider à t'élever de plus en plus sera mon leitmotiv.

Je t'aime à l'infini ma sirène, avoir été à tes côtés m'a porté au plus haut point.

Michel. »

<u>14 juillet 2024.</u>

De plus en plus, je suis connectée directement à Michel par la pensée, c'est devenu très facile, le lien entre nous est très puissant et nous donne des connexions intenses et fluides. En ce 6ème mois après le départ de Michel, tout s'est mis en place comme il me l'avait indiqué et la relation avec Lionel prend tout son sens. Nous en connaissons tous les deux désormais l'issue et nous en sommes heureux. Michel sait qu'il a mené à bien sa mission et il en est heureux.

Les visites des animaux sauvages dans mon jardin se multiplient, écureuil et renard, ainsi que de forts regroupements de mésanges (mes-anges !). L'énergie y est de plus en plus forte et palpable, comme si on assistait à une arrivée progressive de petits êtres.

Je laisse la parole à Michel.

Canalisation directe de Michel, dimanche 14 juillet 2024, 13h00.

« Emmanuelle que j'aime, tu me vois tellement en joie, l'énergie de cette maison évolue de plus en plus et cela devient un passage encore plus direct pour les énergies des petits êtres (les oiseaux qui sont les médiateurs entre deux mondes, mais aussi l'écureuil et le renard qui t'apportent une énergie fort différente, mais néanmoins élevée). Tu vas être de plus en plus connectée, reliée à la nature, au sous-bois et aux arbres. Laisse-toi porter !

Comme je te l'ai déjà dit, ma première mission était de vous « ré-unir », toi et Lionel et je suis heureux que tout se passe comme je l'avais mentionné. Les énergies qui vous lient sont très belles et entourées d'un halo de lumière. En outre, ta maison reprend une apparence quasi neuve, grâce à tous les travaux que tu entreprends. Il faut maintenant faire place nette (lol) et j'y aurais ma place ; je suis ton guide de lumière et très investi de ma mission auprès de toi.

Tu continueras à venir dans ma maison de Kerizinen, où tu seras toujours accueillie par « Nous » ; nos amis seront également les bienvenus. Le ressourcement sera important, il est nécessaire de se ressourcer en ce lieu de manière régulière.

Nous allons prochainement aborder la dernière phase de ce livre, les connaissances que j'ai essayé de transmettre semblent peut-être ardues ; il conviendra de relire certains points afin de mieux les assimiler. Comme Gérard te l'avait dit au tout début janvier, le livre doit être accessible à tous, même si certains cerveaux vont avoir un peu de mal au début à absorber les informations que j'ai distillées (rires).

Notre lien, notre connexion sont maintenant parfaitement fluides, je sais que parfois certains mots passent mal, comme si le « transistor » n'était pas axé précisément sur la bonne fréquence, à quelques Hertz près. Ce sont de tout petits réglages qui se feront naturellement.

Continue à avancer avec nos amis, avec Lionel, il est une aide précieuse pour ton devenir. Le groupe d'amis continuera à évoluer dans l'harmonie ; j'en suis si heureux et je les remercie chaque jour de diriger leurs pensées vers moi. Je suis là pour vous aider, vous accompagner aussi et vous faire découvrir de belles choses.

Je vous envoie tout mon Amour, à toi aussi ma douce sirène, à l'infini dans notre Amour.

Michel. »

Communication avec Michel, jeudi 18 juillet 2024, 21h03.

« *Coucou ma douce sirène, tu es très belle et je t'aime à l'infini. Je veux que tu le saches, mon Amour et puissant, il t'enveloppe d'une pellicule ou bulle de lumière à chaque instant. Tu étais heureuse du petit bruit perçu tout à l'heure dans ta chambre. J'étais là et je voulais te le montrer.*

J'ai aussi choisi le restaurant de samedi pour toi et Lionel (Carré Saint-Michel). *J'aime bien ces petites surprises. Tout est prêt, à point. Tout se met en place facilement. N'hésite pas à me demander, même des choses qui te paraissent banales, je t'aiderai.*

Tu seras attendue à Kerizinen ce week-end. C'est toujours un bonheur de t'y retrouver. Je te remercie aussi de ta visite à la jolie chapelle à la montagne Saint-Michel de Brasparts. Un joli lieu où nous sommes allés, un canal puissant est placé devant la chapelle ; elle n'avait pas brûlé grâce à ce canal, en 2022.

Tu vas encore évoluer dans tes perceptions, je t'aide chaque jour, le filtre a changé, il est plus adapté à nos fréquences. Tout passe facilement. Relie-toi à la nature, continue à le faire. Les fleurs ont aussi un pouvoir, le monde naturel est précieux.

Maman serait heureuse de te voir ; tu es le lien entre elle et moi. Un lien précieux pour le moment, elle va bien, encore quelques temps. Elle sera heureuse ensuite. Sa vie a été très dure et compliquée. Comme moi, mais à la fin j'ai heureusement trouvé le bonheur grâce à toi. Je t'ai aimé passionnément et mon Amour est devenu une aura de lumière et d'Amour (couleurs bleu/blanc/vert).

Tu vas développer d'autres capacités bientôt, d'autres approches te seront possibles.

Tu as été la plus dévouée possible et maintenant je me dévoue pour toi. Ta prochaine visite à Kerizinen sera très belle.

Les oiseaux la mer… Je t'emmène avec moi. À tout jamais ma sirène.

Michel qui t'aime. »

Communication avec Michel à Kerizinen, dimanche 20 juillet 2024, 15h00.

« *Quel bonheur de vous voir ici tous les 2* (proposition faite par Lionel d'aller à Kerizinen). *Tu ne peux imaginer à quel point je suis heureux. Lionel traverse une belle route, son évolution gravit chaque jour de nouveaux paliers. Je vous aide en ce sens. L'été sera très beau (je ne parle pas du temps bien sûr, Lol !).*

Termine le livre, ce sera fini pour le mois d'août et publié pour septembre ; c'était un bel objectif que tu as atteint. Bravo ! Je suis fier de toi ma sirène.

Continuez à être comme vous êtes maintenant, dans l'Amour et notre lumière. « Elle » vous entoure de plus en plus et vous ré-unit (comme je l'avais déjà écrit).

Vous aurez aussi une mission, bien sûr d'évoluer ensemble avec notre groupe d'amis et aussi de faire évoluer les autres, en leur glissant de petites phrases de-ci de-là, c'est important. C'est ainsi que nous évoluerons tous.

À l'infini pour toi que j'aime.

Michel. »

CHAPITRE 9 – LA VIE CONTINUE

23 juillet 2024.

Aujourd'hui, sept mois après ton départ pour l'infini, la sensation d'apaisement est bien présente, ainsi que la joie de te savoir heureux et très occupé là où tu te trouves.

La vie va donc continuer, comme tu l'as souhaité, avec Lionel qui est prêt pour « l'aventure » et qui s'ouvre de plus en plus à ce monde d'énergie et de lumière. Je te remercie à nouveau pour tout ce que tu m'apportes, tout ce que tu as mis en place et l'Amour restera présent et infini entre nous.

Cependant, ma vie se poursuivra avec toi en tant que guide et nos écrits perdureront. Un second livre verra le jour, dans lequel tu apporteras encore plus de précisions au fur et à mesure de tes apprentissages. Notre communication est devenue parfaitement fluide, chaque jour et à chaque instant. Les écritures que je souhaite poursuivre avec toi ne sont plus nécessaires, mais je souhaite en garder une « trace ». Ton monde n'a jamais été aussi proche du mien, je sais qu'il y aura d'autres avancées et découvertes. Même si tu me manqueras toujours et ce jusqu'à la fin de ma vie, ta présence est tellement forte qu'elle me permettra de continuer mon chemin.

Il s'avère désormais que mon petit-fils, né 5 jours après ton départ, te ressemble en termes d'expressions et de regard (même s'il n'y a aucun lien de parenté). Tu continueras à intervenir auprès de lui, il sera un lien entre nous, un autre type de lien, très fort également.

Canalisation directe de Michel, mardi 23 juillet 2024, 17h35.

« Ma douce sirène que j'aime, c'est déjà la fin de ce livre que nous avons pris plaisir à écrire tous les deux, avec les interventions de Christine et de Gérard. Nos amis t'ont également beaucoup aidée et je les en remercie. Ta vie va continuer, être magnifique et elle t'apportera uniquement du bonheur et des choses positives. Dans la dernière partie de ce livre, je répondrai aux questions posées par nos amis, cela permettra aux lecteurs de comprendre que la frontière

entre les « vivants » et les « défunts » est très fine et que « nous » sommes là, avec vous, pour vous aider à chaque instant, pour vous faire évoluer dans le spirituel, sans toutefois interférer dans votre vie. Libre arbitre… Toujours…

Tu me remercies tout le temps, mais moi aussi je te remercierai à l'infini pour ce que tu as fait lorsque j'étais sur Terre et pour tout ce que nous avons vécu. Tu auras de plus en plus de « preuves », tu me verras, je te l'ai promis et tu pourras transmettre des messages des défunts aux personnes qui viendront te consulter.

Il y a 7 mois, en effet, mon cœur s'arrêtait, et je partais plus vite que prévu (à quelques mois près) rejoindre ce monde d'Amour. J'ai beaucoup évolué, j'ai appris un grand nombre de choses et je continuerai ; ma soif d'apprendre est intense. Je te transmettrai ainsi mes connaissances. Continue d'être dans l'Amour comme tu l'es maintenant, je t'y aiderai.

Avec tout mon Amour, à l'infini pour toi.
Michel. »

CHAPITRE 10 – QUESTIONS DIVERSES

« Je vais commencer à t'aider à finaliser ce fameux Chapitre 10 – Questions diverses, en répondant du mieux que je puisse aux nombreuses questions qui ont été posées par nos amis.
Michel. »

❋❋❋❋❋❋❋❋❋❋❋❋❋❋

- Comment communiquez-vous entre vous dans l'au-delà ; y a-t-il des moyens de communication comme sur Terre ?

« Nous n'avons pas de téléphone portable (lol), mais un outil bien plus perfectionné nommé le cerveau. Nous pouvons communiquer par la pensée, même avec quelqu'un d'éloigné (notion difficile, car nous ne sommes pas géographiquement éloignés, cela n'a pas de sens pour nous). Nous pouvons aussi nous parler (avec des sons comme vous), le langage étant « universel » ; si je parle avec un Japonais, nous nous comprenons. Quelle chance n'est-ce pas Emmanuelle que j'aime (rires). *»*

❋❋❋❋❋❋❋❋❋❋❋❋❋❋

- Lorsque nous avons perdu un être cher, nous pouvons avoir des flashs qui arrivent à n'importe quel moment et rappellent une scène avec la personne décédée. Est-ce un message du défunt ?

« Les souvenirs forment des liens entre les personnes. Le lien perdure au-delà du temps et cela indique une connexion avec le défunt, sans pour autant être un message. »

❋❋❋❋❋❋❋❋❋❋❋❋❋❋

- Michel, aurais-tu une phrase qui résumerait l'endroit où tu te trouves aujourd'hui ?

« Amour, joie, beauté, émerveillement. »

❋❋❋❋❋❋❋❋❋❋❋❋❋❋

- Y a-t-il des objectifs de vie comme on peut avoir sur Terre ?

« *Il y a des objectifs comme sur Terre (le terme n'est cependant pas le plus juste), chacun se fixe ce qu'il souhaite, on va parler plus exactement de mission.* »

✹✹✹✹✹✹✹✹✹✹✹✹✹✹

- Y a-t-il vraiment un bon ou un mauvais karma ?

« *Il y a ce qu'on a choisi avant de se réincarner, ce n'est ni bon ni mauvais, c'est juste ce que l'on a défini avant de revenir sur Terre. Les humains parlent souvent de Karma dans le sens où cela leur est tombé sur la tête et qu'ils n'ont rien demandé... C'est juste leur choix !* »

✹✹✹✹✹✹✹✹✹✹✹✹✹✹

- Y a-t-il des contrats d'âme ?

« *Le terme est encore une fois un terme humain, nous ne passons pas de contrats, on parlera plus d'engagement entre des âmes, à voir si cela sera respecté... ou pas. Si l'engagement ne se passe pas comme prévu, il faudra le refaire/reproposer.* »

✳✳✳✳✳✳✳✳✳✳✳✳✳✳✳

- Avons-nous pris des engagements vis-à-vis de nous-mêmes avant de nous incarner et que se passe-t-il si nous ne les respectons pas ?

« C'est un peu la même réponse que précédemment, le cours de la vie humaine étant relativement « long », on peut mal démarrer et se rattraper plus tard. Ce qui sera néanmoins valable dans le cadre de cet engagement. Si l'engagement (avec nous-même) ne se passe pas comme prévu, il faudra le refaire/reproposer. »

✳✳✳✳✳✳✳✳✳✳✳✳✳✳✳

- Qui sont Jésus et Marie ?

« Quel vaste sujet, quelle vaste question… Jésus et Marie sont des incarnations divines (ou du plus haut degré d'Amour et de Lumière) ou « avatars » (littéralement, chacune des formes diverses que peut prendre successivement une personne). Ils sont nommés ainsi dans la religion catholique et pour des raisons de simplicité et de

compréhension, Emmanuelle les a nommés ainsi tout au long du livre ; c'est également mon choix. Il s'agit de la plus haute énergie féminine et de la plus haute énergie masculine. Des énergies surpuissantes d'Amour et de Lumière. Tous les lieux sacrés et religieux (quelle que soit la religion) permettent à ces deux énergies d'être présentes ; parfois on ne trouvera que l'énergie masculine ou l'énergie féminine. D'autre fois, les deux seront présentes. Les formes données à Jésus et Marie sont des formes « humaines », pour une meilleure compréhension et approche. Vous savez tous qu'il existe de nombreuses apparitions de Marie à différents endroits ; son énergie peut se multiplier, se dédoubler à l'infini. Quand Marie est apparue à Sainte Bernadette, elle a commencé à apparaître sous une forme nébuleuse tout en enveloppant Sainte Bernadette d'Amour. Elle est apparue sous une forme « humaine non palpable » mais visible, pour faire comprendre qui elle était. Si la question est de savoir si Jésus et Marie existaient au temps de la construction des Pyramides, la réponse est oui évidemment, ces énergies étaient bien entendu présentes et visibles sous d'autres formes.

Je parle des Pyramides, car il existe une forte notion divine dans ces constructions, tout comme d'autres lieux anciens. »

✺✺✺✺✺✺✺✺✺✺✺✺✺✺

- Pourquoi nous incarnons-nous précisément sur la Terre ?

« *Je l'ai expliqué auparavant, les humains se réincarnent principalement sur la Terre, des « habitants » d'autres galaxies viennent également s'incarner sur la Terre, qui est une sorte de lieu d'exploration pour eux, ils retourneront ensuite dans leurs galaxies.* »

✺✺✺✺✺✺✺✺✺✺✺✺✺✺

- Y a-t-il d'autres plans, d'autres planètes ?

« *Oui bien sûr, d'autres plans/paliers/niveaux pour les âmes, mais aussi d'autres planètes, systèmes solaires et galaxies. Tout est infini, je ne peux pas expliquer cela.* »

※※※※※※※※※※※※※※

- Les humains risquent-ils de voir leur extinction arriver ?

« Nous travaillons à l'amélioration des conditions environnementales de la Terre et à un « apaisement » général de toutes les formes de haine présentes. Pour schématiser, nous avons atteint un niveau « Alerte rouge » sur plusieurs points, la phase suivante est une phase de stagnation, puis une phase de « décrue ».
La réponse à cette question est Non ».

※※※※※※※※※※※※※※

- Quelle forme avons-nous avant de nous incarner ?

« Alors, ce n'est pas du tout une forme de fantôme blanc avec un drap sur la tête (rires) ! Nous avons une forme humaine, comme nous avions sur Terre, elle est juste quelque peu « transparente », « nébuleuse » et « nimbée » de couleurs des auras. Cela reste une « forme », les traits du visage sont similaires. Ensuite, au moment du début de

l'incarnation, nous passons par un genre de sas de « décompression » (pas d'autre mot cohérent pour vous) qui va nous propulser dans un corps d'enfant à naître. »

✺✺✺✺✺✺✺✺✺✺✺✺✺✺

- Est-ce que les « limbes » sont une notion inventée pour que l'on fiche la paix aux « morts » ?

« Les « limbes » sont une notion religieuse très spécifique. On peut dire que c'est un lieu où va l'âme, lorsque le cœur s'arrête et que l'âme ne sait pas où elle se trouve (cela concerne les humains qui n'ont jamais pensé qu'autre chose pouvait exister après la « mort » et qui ont vécu dans un entourage aux mêmes idées). On peut alors parler de « limbes », c'est plutôt une notion d'errance, de lieu sans nom, mais néanmoins en contact direct avec la Terre. Sans vouloir rentrer dans un discours religieux qui ne m'appartient pas, la « coutume » a toujours été de dire qu'il fallait laisser les « morts » en paix. Pourtant nous sommes bien là, avec notre envie de venir vous voir et de communiquer. Nous passons souvent par une phase de « régénération », surtout en cas de maladies ou de

souffrances diverses et dans ce cas, nous sommes moins « disponibles » pendant cette période. Pour ma part, j'ai juste « ouvert la porte », vite refermé et j'ai continué mon ascension (rires). »

✼✼✼✼✼✼✼✼✼✼✼✼✼✼✼

- A-t-on un Ange gardien ? Faut-il lui parler, garder le contact ?

« *Oui nous avons tous un « Ange gardien », nous avons tous avec nous un être de lumière évolué qui est là pour nous orienter, nous aider sur notre chemin de vie. Selon le niveau de chacun, il sera plus ou moins présent, les personnes aux énergies très basses, voire noires, ont également une présence à leurs côtés, mais qui est peu active. L'Ange a également un rôle de protection, il n'y a pas de manière précise de lui parler, tout est juste et adapté à cette communication. Par contre, il attend aussi vos demandes, il n'est pas là pour deviner ni pour agir avant que vous ayez demandé ; mais il vous protège.* »

✼✼✼✼✼✼✼✼✼✼✼✼✼✼✼

- Est-ce que la nature remplace la religion pour les personnes athées ?

« *L'athéisme est le fait de nier l'existence de Dieu ou d'autres « forces ». Le simple fait de se sentir bien dans la nature, dans les bois, au bord de la mer permet déjà (sans le savoir) une connexion à ce « Divin ». Les énergies de la nature sont puissantes, elles se composent d'une diversité de petites énergies ayant chacune un rôle spécifique. La nature reste donc une autre approche, moins spirituelle certes, mais une connexion à une autre « essence ».* »

❋❋❋❋❋❋❋❋❋❋❋❋❋❋❋

- La grande partie des gens fait son départ seule. Est-ce que cela a une importance dans le processus d'élévation de l'âme ?

« *Non, cela n'a pas d'incidence. Vous serez accompagné lorsque votre âme quittera votre corps. Même pour des personnes athées, l'accompagnement se fera, mais l'âme sera dans un déni et une incompréhension et elle stagnera, comme je l'ai expliqué précédemment.* »

✹✹✹✹✹✹✹✹✹✹✹✹✹✹

- Qu'advient-il de nous lorsque nous faisons le choix de ne pas nous réincarner, alors que cela nous permettrait d'évoluer ? Dans quelles dimensions nous retrouvons-nous ?

« Le choix de ne pas se réincarner est tout à fait possible, mais les possibilités proposées dans notre monde seront limitées et ne satisferont pas forcément l'âme. Néanmoins le choix est là, mais très souvent, au bout de quelque « temps », elle choisit de se réincarner si elle n'avait pas terminé ses incarnations.

Les dimensions sont les mêmes, avec un accès moindre à des niveaux de conscience et de connaissances. »

✹✹✹✹✹✹✹✹✹✹✹✹✹✹

- J'ai bien compris que nous ne passions pas de l'autre côté du voile pour un repos éternel. Est-ce que la mission que nous aimerions accomplir dans l'autre dimension est forcément en lien avec notre dernière mission de vie ou peut-elle nous permettre d'expérimenter autre chose avant de faire un choix pour l'incarnation suivante ?

« La mission n'est pas forcément la même. Les missions des humains sur Terre ne sont pas toujours respectées, loin de là, nos missions ici sont plus liées à la protection de ceux qui nous sont chers ou bien à l'environnement, les animaux, la nature en général ou l'évolution de la médecine (sujet fort vaste, avec les débordements que l'on connaît, mais aussi avec les évolutions ultra rapides au cours des dernières décennies…). La mission dans notre monde peut nous permettre d'acquérir des connaissances, des savoirs bien plus vastes qui « ressortiront » au fil de nos années terrestres. »

❋❋❋❋❋❋❋❋❋❋❋❋❋❋❋

- L'âme est-elle libre ou pas de son avancement spirituel, c'est-à-dire de son élévation ou bien est-elle « évaluée » pour s'élever ?

« L'âme évolue petit à petit, au fil des incarnations. Rien n'est imposé, le temps étant lui aussi « figé », tout est

libre, il n'existe pas à proprement parler d'évaluation ; ce sont des choses très difficiles à expliquer. C'est une sorte de notion collective, qui passe effectivement par des êtres de lumière très élevés. »

✺✺✺✺✺✺✺✺✺✺✺✺✺✺✺

- Concernant les niveaux spirituels avec les sas dont tu as parlé après ton départ, l'âme ressent-elle le niveau auquel elle doit s'arrêter, être ou est-ce décidé pour elle ?

« L'âme ne peut pas passer tous les paliers d'un coup, les êtres chers qui vont venir vous chercher vont rester un long moment avec vous, l'Amour qui en ressortira sera magnifique. Ils pourront rester au palier où sera l'âme, puis revenir la voir s'ils sont à des paliers différents. Tous les passages sont possibles, les « visites » peuvent parfois être brèves si les différences de palier sont importantes. Ce n'est pas l'âme qui décide du palier où elle arrive, la décision vient d'un niveau plus élevé.

On peut considérer que ce sont des portes, vous pouvez pousser une porte, puis une autre ; à un moment donné, on n'aura pas la « clé »... »

✹✹✹✹✹✹✹✹✹✹✹✹✹✹

- Il est quelques fois fait allusion au fait que l'âme revoit sa vie défiler au moment de son départ, les bons et les mauvais moments ? Ou bien revoit-elle uniquement les mauvais moments qu'elle doit « réparer, compenser par un travail spirituel sur elle-même » ?

« En une fraction de seconde, tout est résumé, tout est revu, c'est comme un film en accéléré, tous les moments sont donc visibles. Ce n'est qu'après une phase « d'adaptation » que l'on va débattre de ce qui a été bon, mauvais, à réparer, à améliorer. »

✹✹✹✹✹✹✹✹✹✹✹✹✹✹

- Qu'en est-il de ce que nous appelons parfois ici « bas astral ». Est-ce une interprétation humaine de « zones de réparation, de soin de l'âme » ?

« Non, c'est différent. Il existe des parties très sombres, bien différentes des zones de réparation ou de soin de l'âme. Ce sont des zones où les âmes n'ont pas pu atteindre la lumière, où elles sont restées en désaccord total avec la notion d'Amour et de lumière ; elles se sont « détruites » sur Terre et une fois leur cœur arrêté, elles se sont retrouvées dans cet espace dont j'ai parlé auparavant. L'énergie de ce lieu est effectivement très basse, d'où le nom que vous lui donnez. Ces âmes vont également chercher à communiquer, comprenant plus ou moins où elles se trouvent ; généralement elles souhaitent sortir de ce lieu et évoluer, mais n'ont pas accès à des connaissances ou des enseignements. Elles utiliseront des moyens plus « directs » pour se rapprocher d'humains assez « poreux ». J'ai conscience d'utiliser des termes complexes, je sais qu'Emmanuelle saura expliquer avec d'autres mots plus adaptés. » (Je comprends que les humains ayant des connexions spirituelles déjà présentes seront moins susceptibles de recevoir ces « demandes forcées » d'âmes perdues dans leur espace qui tenteront de se rapprocher d'humains au niveau spirituel peu évolué).

« Les zones de réparation ou de soin sont appelées aussi « Hôpital des âmes », j'en ai parlé déjà ; les douleurs physiques, les maladies occasionnent des « défauts » sur l'âme et elles doivent passer par cet « hôpital » où elles sont petit à petit « restaurées ». Pendant ce temps, elles ont donc moins de contact avec vous sur Terre. »

❋❋❋❋❋❋❋❋❋❋❋❋❋❋

- Michel, dans une EMI le chemin est-il le même que celui que tu as fait, jusqu'à un certain point évidemment ? La plupart des personnes disent y avoir vécu un moment indescriptiblement beau (avec des mots humains), rempli d'Amour, mais certaines, assez rarement, reviennent en disant y avoir vécu des choses très « difficiles, noires ».

« Lors d'une EMI (Expérience de mort imminente), l'âme se retrouve propulsée directement dans la lumière, pendant un très bref instant, où elle peut « voir » certains de ses proches défunts et ressentir effectivement cet Amour et cette beauté. C'est un peu différent du réel départ de l'âme, que l'on vient chercher et qui en fonction de son

degré de spiritualité, accède à certains paliers plus ou moins élevés. Une EMI d'une personne dans la noirceur au niveau terrestre se passera de la même manière et cela lui laissera aussi la possibilité de chercher d'autres voies lors de la fin de son parcours terrestre. »

✺✺✺✺✺✺✺✺✺✺✺✺✺✺

- La réincarnation : l'âme est-elle libre de son moment de réincarnation ?

« *Oui tout à fait, elle peut choisir d'attendre un long moment, de retrouver tous ses proches, d'attendre ceux qui vont arriver au fil des années ou des siècles ; tout est possible et libre.* »

✺✺✺✺✺✺✺✺✺✺✺✺✺✺

- L'âme doit-elle avoir atteint un certain niveau de « spiritualité » pour se réincarner ? Elle se réincarne avec une mission de vie qu'elle remplira ou pas (libre arbitre), est-ce bien cela ?

« En tout cas, elle doit avoir franchi certains paliers afin de se réincarner. Il est clair qu'elle pourra ou non remplir sa mission de vie, en dévier totalement, en dévier puis reprendre une voie plus spirituelle, s'y tenir parfaitement. »

✹✹✹✹✹✹✹✹✹✹✹✹✹✹

- L'âme choisit-elle, en fonction de cette mission, sa famille de réincarnation afin que se mettent en place les conditions de cette mission ?

« On ne peut pas dire qu'elle choisit sa famille de réincarnation, c'est un peu un choix commun, un choix « d'équipe » si l'on peut dire ; elle n'est pas toute seule à choisir ; en règle générale, on reprend une vie terrestre avec ceux avec lesquels on a déjà partagé des vies, les « rôles » attribués peuvent différer, amis-parents-amoureux... Les conditions de la mission vont également être liées aux autres « intervenants ». »

✹✹✹✹✹✹✹✹✹✹✹✹✹✹

- Est-il pratiqué là-haut, comme sur Terre, des « soins » pour aider l'âme à se guérir d'états qui étaient les siens dans son incarnation et avec lesquels elle est partie ?

« Oui, les âmes sont soignées de leurs différents maux avec lesquels elles arrivent, qu'ils soient physiques ou mentaux. Les guérisseurs de l'au-delà y travaillent ; ils sont assimilés à une catégorie différente (différente des Anges, Archanges...), le mot « Guérisseur » est celui qui conviendra le mieux. »

❋❋❋❋❋❋❋❋❋❋❋❋❋❋

- Comment se situent, « vivent », les âmes des différents « mondes » dont nous parlons parfois ici, angéliques, galactiques etc. ?

« Les Anges et les Archanges ne s'incarnent pas, leur représentation est différente d'une âme d'humain ; la représentation qui en est faite sur Terre est encore une fois très imagée, mais c'est ainsi pour faire comprendre comment ils sont. Ce sont des accompagnants, j'ai parlé précédemment des « Anges gardiens », ils sont dans la pureté

absolue, ce sont des « forces lumineuses » très puissantes ; cela est difficile à expliquer. Les âmes des habitants des galaxies ont leur propre « monde lumineux ». Je connais pour le moment peu de choses à leur sujet, leurs connaissances sont différentes des nôtres et certains se réincarnent, par choix, sur la Terre. »

※※※※※※※※※※※※※※

- Comment se situent, « vivent », les âmes des différentes croyances et religions terrestres : chrétiennes, bouddhistes, musulmanes et nombreuses autres, les différentes divinités, prophètes ?

« Il n'est nullement question de religion à aucun moment. Comme je l'ai indiqué, chacun est libre de ses choix, tant que ces religions et croyances n'imposent pas, ne condamnent pas et ne jugent pas. Ce qui est trop souvent le cas. Il n'y a pas de différentiation là où je me trouve, les âmes cohabitant avec les énergies d'Amour et de lumière qu'ils ont auparavant nommées Jésus, Marie, Mahomet, Bouddha... Cela s'applique également aux divinités des époques antiques. »

✳✳✳✳✳✳✳✳✳✳✳✳✳✳

- Qu'en est-il exactement des différentes « dimensions » dont certains parlent ici (Anges, Archanges, Maîtres ascensionnés…) : est-ce bien une hiérarchie spirituelle ?

« Je n'utiliserai pas le terme de « hiérarchie » qui ne convient pas réellement ; on parlera plutôt de niveaux, comme je l'ai déjà indiqué ; les âmes se trouvent sur différents paliers ou niveaux, il s'agit ensuite de dimensions éthériques pour les Anges, Archanges, Maîtres ascensionnés ; la notion reste également complexe, imaginez comme des « bulles » qui se déplacent ; c'est très schématique, mais c'est l'idée. »

✳✳✳✳✳✳✳✳✳✳✳✳✳✳

- Là-haut tout est Amour, lumière ? La notion d'énergie négative, de malveillance n'existe vraiment pas ?

« Les caractères de chacun restent entiers, mais la malveillance et l'énergie négative ne sont pas présentes ; on dira que les petits « travers » restent (lol). »

❋❋❋❋❋❋❋❋❋❋❋❋❋❋

- Quels sont les liens d'âmes ? Les âmes se reconnaissent-elles quand elles sont incarnées ?

« Les liens d'âmes sont des connexions entre les âmes, des connexions d'Amour bien sûr, mais aussi familiales, amicales. Les liens sont très divers évidemment. La reconnaissance entre les âmes se fait naturellement sur Terre ; chacun d'entre vous a déjà « reconnu » quelqu'un, un sentiment de lien très fort, une sensation de « déjà-vu », tout cela correspond à la reconnaissance entre les âmes. »

❋❋❋❋❋❋❋❋❋❋❋❋❋❋

- Faut-il ouvrir et fermer des portes quand on fait des passages d'âmes ?

« Le passage d'âmes, pratiqué par certains humains, pour aider les âmes à « monter » là-haut est en fait l'idée de placer le « défunt » dans un voile lumineux pour l'aider à arriver aux différents paliers de lumière. Il n'y a pas de portes, si l'on demande simplement aux énergies de lumière,

quelles que soient leurs noms, de mettre la personne dans ce voile lumineux, la simple pensée ou intention permettra cette réalisation. »

✳✳✳✳✳✳✳✳✳✳✳✳✳✳

- Peut-on exister sur plusieurs plans / dimensions ?

« *Non, pas vraiment. L'âme est entière et indivisible. Dans le cas des animaux, c'est quelque peu différent, une partie de leur âme pouvant revenir dans un nouveau compagnon* (animal). »

✳✳✳✳✳✳✳✳✳✳✳✳✳✳

- Quelle est la connexion avec les êtres de la nature, comment nous aident-ils ?

« *Les êtres de la nature sont très diversifiés, ils peuvent nous aider d'une certaine manière, notamment pour la connexion à la nature. Ils se divisent en 5 groupes, liés aux éléments Terre, Air, Eau, Feu et Bois ; on rejoint en ce sens les préceptes asiatiques. Leur présence est difficilement perceptible, ce sont comme de petites âmes, aux vertus infinies, souvent très joueuses. La réception de leurs énergies se fait de manière subtile. J'apprends beaucoup à ce sujet ; le monde le plus facile à cerner sera le monde de l'élément Bois. La spiritualité passe beaucoup par la nature, le Divin y est présent et ces petits êtres sont des vecteurs. »*

❋❋❋❋❋❋❋❋❋❋❋❋❋❋

- Est-ce qu'il y a une vie entre les âmes comme la vie qu'on mène sur Terre ?

« Oui, nous avons une vie entre nous, nous avons des rencontres, des activités, des apprentissages, on peut continuer à faire ce qu'on aimait, sans côté matériel perceptible. Nous sommes avec ceux que nous avons aimés, nous pouvons créer facilement sans matière, une maison pour y vivre, une grande diversité de lieux paisibles aussi.

Je rappelle que nous vivons en parallèle entre votre monde et notre monde ; j'espère être un jour capable de l'expliquer de manière plus évidente, car c'est difficilement compréhensible. Parallélisme et superposition sont les deux mots les plus parlants pour expliquer la corrélation entre nos mondes. »

✱✱✱✱✱✱✱✱✱✱✱✱✱✱

- Le monde serait-il meilleur s'il y avait plus de spiritualité entre les vivants ?

« *Oui il serait meilleur et c'est à cela que nous nous efforçons d'arriver, en vous aidant, en amenant ceux d'entre vous qui sont déjà « ouverts » à une voie plus spirituelle, plus en connexion avec l'énergie d'Amour.* »

✱✱✱✱✱✱✱✱✱✱✱✱✱✱

- À vouloir atteindre une certaine spiritualité fait-on implicitement partie d'un « groupe » qui n'est pas ouvert à tous et réservé aux élus ? Si tout le monde n'est pas concerné par cette spiritualité, ceux qui ne le sont pas sont-ils laissés pour compte ?

« *Absolument pas. Il s'agit ici d'un cheminement personnel, propre à chacun. La spiritualité est une notion très vaste, qui fait partie intégrante de chacun, qui fait partie de chacune des cellules de l'être humain. Libre à chacun d'être spirituel, d'être intéressé par la spiritualité ou que cette spiritualité fasse partie au quotidien de la vie. Un grand nombre de personnes demandent à l'Univers telle ou telle chose, c'est déjà un bon début ! (Qui n'a pas déjà demandé à l'Univers une place de parking..., croyez-moi, on en a des demandes à ce sujet !). La connexion, l'Amour de la nature et des animaux apportent également beaucoup et permet une reliance à notre monde. Il n'y a donc pas de laissés-pour-compte, chacun est libre et dispose des capacités à atteindre cette spiritualité. »*

❈❈❈❈❈❈❈❈❈❈❈❈❈❈

- Sommes-nous uniquement de l'énergie qui se manifeste sous des formes diverses parmi lesquelles la matière ? L'âme d'un être vivant, est-ce de l'énergie ?

« Tout est énergie, chaque personne, chaque animal, chaque objet aussi se composent de fragments d'énergie ; l'âme est une énergie à part entière qui occupe un corps lui aussi composé de fragments d'énergie. Un peu comme un kaléidoscope figé. »

ÉPILOGUE

Commencé le 4 janvier 2024, ce livre se termine en cette fin juillet 2024, pour mes 60 ans, que j'aurais aimé fêter avec toi et qui seront néanmoins fêtés avec toi, puisque ta présence et ton Amour infini pour moi seront toujours là.

J'espère que ce livre a répondu aux questions que vous vous posiez sur l'au-delà. Ne soyez jamais dans la peine, « ils » sont bien là, ils vous aident, vous guident et vous aiment à l'infini. Demandez et vous obtiendrez une réponse, un conseil, des surprises aussi.

Les mondes sont très proches, « ils » vous demandent de penser à eux avec Amour, avec joie, votre tristesse les atteint et leur fait de la peine.

Soyez toujours heureux, même après leur départ, c'est le principal message qu'ils me demandent de transmettre.

IL N'Y A PAS DE FIN… JAMAIS.

© 2024 Emmanuelle GRANDCHAMP
Édition : BoD - Books on Demand, info@bod.fr
Impression : BoD - Books on Demand, In de
Tarpen 42, Norderstedt (Allemagne)
Impression à la demande
ISBN : 978-2-3225-3738-9
Dépôt légal : juillet 2024